PLAYLIST
(INHALT)

	Vorwort	9
1	**Intro** (Dimmu Borgir: Entrance)	11
2	**Philosophisches Schaf** (Ozzy Osbourne: I Don't Want to Change the World)	13
3	**Jung und motiviert** (Guns N' Roses: Welcome to the Jungle)	15
4	**Stilistische Gretchenfrage** (Debauchery: Super Hot Vampire Lady)	19
5	**Metallica bei H&M** (J.B.O.: Metaller)	25
6	**Aufrüstung** (Rammstein: Deutschland)	33
7	**Der eine Ring** (Blind Guardian: Lord of the Rings)	39
8	**FSK ab 18** (Van Halen: Hot for Teacher)	43
9	**Lifehack** (Pain: Designed to Piss You Off)	49
10	**Festivalguide** (Helloween: I'm Alive)	53

11	**Politisches Feuchtgebiet** (Finntroll: Ursvamp)	61
12	**Vanessa** (Metallica: Dyers Eve)	63
13	**Vorbild** (Five Finger Death Punch: Jekyll and Hyde)	67
14	**Dressed in pink** (Saxon: Princess of the Night)	71
15	**Bullshit-Button** (Rage: Enough Is Enough)	75
16	**Lehrergesicht** (Mötley Crüe: Looks That Kill)	81
17	**Humor** (Eisbrecher: Verrückt)	85
18	**Der Schwarm** (Fear Factory: Replica)	91
19	**Betriebsklima** (Impaled Nazarene: All That You Fear)	97
20	**Komfortzone** (Judas Priest: Night Crawler)	103
21	**Andere Länder, andere Lehrer** (Sabaton: Swedish Pagans)	107
22	**Mentalhygiene** (Type O Negative: I Don't Wanna Be Me)	113
23	**Pokerface** (Satyricon: The Wolfpack)	117
24	**Lebenslänglich** (Black Sabbath: Children of the Grave)	121

25	**Veganer Western** (Ensiferum: Stone Cold Metal)	**125**
26	**Das Schweigen der Schüler** (Disturbed: The Sound of Silence)	**127**
27	**Lehrer-Bashing** (Megadeth: Angry Again)	**131**
28	**Der pawlowsche Pennäler** (Alestorm: Alestorm for Dogs)	**137**
29	**Verschlimmbessern für Anfänger** (Clawfinger: Do What I Say)	**141**
30	**Leidenschaft, die Leiden schafft** (Danzig: Mother)	**145**
31	**Vorsicht, bissig!** (Powerwolf: Demons Are a Girl's Best Friend)	**149**
32	**Thor hasst Nazis** (Amon Amarth: Twilight of the Thunder God)	**155**
33	**Goethe breaking bad** (Samael: Ceremony of Opposites)	**157**
34	**Voll verstrahlt** (Avatar: Smells Like a Freakshow)	**161**
35	**Triple F** (Hypocrisy: Fractured Millenium)	**165**
36	**Hulk** (Slipknot: Wait and Bleed)	**169**
37	**Feuerlöscher** (Borknagar: The Fire That Burns)	**171**
38	**Schöne Ferien!** (Alice Cooper: School's Out)	**175**

39	**Mitleid** (Nightwish: Wishmaster)	**179**
40	**Randnotiz** (AC/DC: Moneytalks)	**183**
41	**Erfolgreich scheitern** (Iron Maiden: Wasted Years)	**187**
42	**Arschlochklassen** (DevilDriver: Back With a Vengeance)	**191**
43	**Schöner hausen** (Airbourne: Dirty Angel)	**195**
44	**Früher war alles schlechter** (SuidAkrA: Darkane Times)	**201**
45	**Darf's noch ein bisschen mehr sein?** (The Sisters of Mercy: More)	**209**
46	**Lehrergesundheit** (Darkthrone: Fucked Up and Ready to Die)	**213**
47	**Zugabe** (Kiss: God Gave Rock 'N' Roll to You II)	**219**
48	**Outro** (Windir: Journey to the End)	**221**
49	**Credits** (Metallica: Nothing Else Matters)	**223**

Playlist auf Spotify:
https://spoti.fi/39Edjhv

VORWORT

»Was? *Du* bist Lehrerin? Siehst gar nicht so aus«, höre ich ausnahmslos jedes Mal, wenn ich die Frage nach meinem Beruf beantworte. Die Gegenfrage meinerseits, wie Lehrer denn zu sein hätten, wird standardmäßig beantwortet mit: »Ja, normal halt.« »Normal« bedeutet im deutschen Volksmund so viel wie: Lehrer müssen das perfekte Vorbild sein. Adrett gekleidet. Angepasst. Höflich. Gut gelaunt. Umfassend allgemeingebildet. Altruistisch bis ins Mark. Und natürlich kinderlieb.

Richtig? Soso. Halten Sie mal mein Bier. Ich stell mich kurz vor.

Ich bin Frau Blofeld, physisch Ende dreißig (optisch natürlich nicht!), im Kopf irgendwas zwischen sechzehn und fünfundzwanzig, Studienrätin an einer Berufsschule in einer baden-württembergischen Kleinstadt, inzwischen zehn Jahre im Schuldienst. Seit frühester Kindheit habe ich meine Seele dem Heavy Metal verschrieben!

Dieses Buch ist weder ein Plädoyer gegen Schubladendenken noch ein Pamphlet gegen das deutsche Berufsbeamtentum, auch keine Hommage an all die etwas verrückten und untypischen Lehrkörper da draußen. Ich habe lediglich einen selbstzerstörerischen Hang dazu, Humbug zu labern!

INTRO
(Dimmu Borgir: Entrance)

Die nachfolgende lose Sammlung von Geschichten folgt keiner Chronologie oder festgelegten Struktur, sondern entspringt beliebig meiner eigenen kleinen Gedankenwelt. Die Reihenfolge des Lesens steht Ihnen also völlig frei. Ich hab es nämlich nicht so mit autoritärem Gehabe.

Wenn Ihnen diese Arbeitsanweisung zu unpräzise ist oder Sie gar überfordert, weil Sie es gewohnt sind, stupide Regularien zu befolgen – Himmel noch mal, dann lesen Sie das Ding halt von vorne nach hinten durch. Und fassen jedes Kapitel in eigenen Worten knapp zusammen. Sie haben neunzig Minuten! Verspätete Abgabe führt zu Punktabzug! Also, husch!

Damit Sie bei der Lektüre in die richtige Stimmung kommen, liefere ich Ihnen den Soundtrack zu meinem Leben gleich mit. Wenn Sie keinen Heavy Metal mögen, kann ich Ihnen jetzt auch nicht helfen. Vielleicht versuchen Sie's zum Einstieg mit Hardrock. Oder Punk.

Sollten Sie jedoch dem Schlager zugeneigt sein … NACHSITZEN!

PHILOSOPHISCHES SCHAF
(Ozzy Osbourne: I Don't Want to Change the World)

Neulich bin ich an einer Herde Schafe vorbeigefahren. Fast alle waren schwarz. Das gab der gängigen Vorstellung einen völlig neuen Sinn. Wenn die meisten Schafe schwarz sind, ist dann das weiße Schaf das schwarze? Registrieren Schafe überhaupt, welche Farbe sie haben? Steht so ein schwarzes Schaf auf der Wiese, kuckt sich um und denkt irgendwann: »FUCK! Ich bin anders«? Und schämt sich dafür?

Ich habe mich selten geschämt, und ich mache den Job als schwarzes Schaf schon verdammt lange. Angefangen damit, dass ich im zarten Alter von knapp vierzehn Jahren entschieden habe, mich dauerhaft über den *Bravo-Hits*-Geschmack des übrigen Teenie-Pöbels zu erheben. Indem ich Anhängerin härterer Gangarten der Gitarrenmusik wurde und nicht mehr, wie neunundneunzig Prozent der langweiligen Gleichaltrigen, den Boygroups oder Euro-Pop-Bands der Neunziger nachkreischte. Weg mit Buffalos und Schnellfickerhosen, her mit Springerstiefeln und Nietengürtel! Eltern, Lehrer und Mitschüler schüttelten ob meiner frühpubertären Ausflüge ins Schwarz den Kopf. Ich schüttelte den meinen zur Musik. Nur meine großen Brüder verdrückten ein paar Tränchen der Rührung ins Black-Sabbath-Shirt.

Das sollte aber auch das Einzige bleiben, was ich mit dem genetischen Ursprung teilte, den man gemeinhin als Familie bezeichnet. Wird mir zwei Jahrzehnte später doch immer noch vorgehalten: »Vadder würde sich im Grab umdrehen, wenn er wüsste, dass du Beamtin geworden bist!«

In solchen Momenten stehe ich da und denke: Määh! In welcher anderen Familie wird man durch Beamtenstatus zum Outlaw?!

Leute, die mich kennen, sagen, ich sei jung geblieben. Mutter fragt, wann ich endlich erwachsen werde. Wahrscheinlich habe ich deshalb über die Jahre den klassisch pubertären Trotzmechanismus des »Jetzt erst recht« zur Kunstform erhoben. Ich zelebriere mein Dasein als schwarzes Schaf und A-13-Outlaw ausgiebig in allen Lebensbereichen: privat, beruflich, physisch, psychisch. Gegenwind inklusive. Wo bleibt denn sonst der Spaß?

Anderntags komme ich auf dem Weg zu meiner Beamten-Gang wieder an der beinah schwarzen Schafherde vorbei. Ich denke darüber nach, was passieren würde, wenn ich morgens aufwachte und alle so wären wie ich: die ganze Herde schwarz! Wo wäre da die Herausforderung? Was würde ich tun? Wahrscheinlich stante pede online gehen, mir die komplette regenbogenfarbene »Einhörner kotzen Glitzer auf rosa Disneyprinzessinnen«-T-Shirt-Kollektion bestellen und mir danach Alben von Helene Fischer runterladen. Ich rufe laut »Mäh!«, verscheuche den Gedanken schnell wieder und merke, wie spießig mein eigenes kleines Universum im Grunde doch ist. Am Ende sind wir alle nur verdammte Schafe.

Hinter dem nächsten Dorf die nächste Schafherde. Viele weiß, eins schwarz. Alles im Lot. Ich nicke meinem schwarzen Kollegen anerkennend zu und denke: Halt durch, Kumpel! Lohnt sich!

JUNG UND MOTIVIERT
(GUNS N' ROSES: WELCOME TO THE JUNGLE)

Als angehender Staatsdiener braucht man dringend einen Hang zum Fatalismus. Denn aus der geradezu heldenhaft anmutenden Opferbereitschaft, die das Einstellungsverfahren fordert, nach dem Prinzip: »Wir schicken dich dorthin, wo du am meisten gebraucht wirst! Gehe hin und tue Gutes!«, wird schnell: »Aha ... ländlicher Raum.« Jou. Gegenwehr? Zwecklos, wir sind ja Beamte!

In meinem Fall war die Bezeichnung »ländlicher Raum« eine nette Untertreibung. Es verschlug mich, zusammen mit einigen anderen jungen und (noch) hochmotivierten Kollegen, im Jahr 2011 an eine berufliche Schule in der baden-württembergischen Provinz.

Seltsam, denn noch einige Wochen zuvor, am Tag meines Vorstellungsgesprächs, war mein erster Gedanke beim Betreten des klassisch-tristen Siebziger-Jahre-Gebäudeblocks: Boah, NÄ! Never ever! Ich drehe um, fahre nach Hause und warte weiter auf den Brief aus Hogwarts, den eine Eule sicher vor siebzehn Jahren verbummelt hat!

Ich weiß nicht, was mich damals am meisten abschreckte: die fröhlichen Wandfarben, Edition Körperflüssigkeiten? Jetzt mal im Ernst! Was haben sich die Architekten ihrerzeit bloß gedacht?

»Farbkonzept Schule – Idee?«

»Komm, lass uns die Wände in einem fröhlichen Morgenuringelb machen, passend zu den Akzenten von kotzgrünem Linoleum und kackbraunen Fensterrahmen. Stahlträger in der

Farbe von geronnenem Blut runden das Ganze fein ab. Das sieht auch in vierzig Jahren noch aus wie neu und saugt jedem schon beim Betreten des Gebäudes alle Fröhlichkeit aus den Adern! Pädagogisch astrein!«

Oder waren es doch die zwei sich kloppenden, kastenförmigen Halbstarken, die urplötzlich aus einem Raum gespuckt wurden, als der stellvertretende Oberzampano mich durchs Gebäude führte? Er wollte wohl einen guten Eindruck hinterlassen und pries gerade die technische Ausstattung der Räumlichkeiten. Wahrscheinlich, um vom Rest abzulenken. Jetzt wirkte er leicht verzweifelt: »Keine Angst, das sind unsere Lager-Jungs! Die kriegen Sie erst mal nicht!«

»Aha! Gut«, antwortete ich. Schaute mich aber dennoch jedes Mal hektisch um, sobald sich irgendwo eine Tür öffnete. Memo an mich damals: Beim Versicherungsfutzi anklingeln, ich würde gerne noch mal die Berufsunfähigkeitsgeschichte durchsprechen. Nun ergab auch das Farbkonzept Sinn. Nee, nee, berufliches Schulwesen war nix für mich. Noch dazu mit Schwerpunkt Wirtschaft. Ich hatte schließlich Ideale!

In anderthalb Jahren Referendariat hatte ich mich schon mit den kleineren Gören arrangiert. Mit zehn sind die meisten immerhin stubenrein und ganz leicht zu dressieren. Was man von den beiden Evolutionsverweigerern von gerade eben eher nicht behaupten konnte.

Zudem sprachen die hier in einem Dialekt, der klang, als würde man einem Frosch beim Artikulationsversuch den Hals zudrücken. (Noch heute graust es mich, wenn ich morgens durch die Flure laufe und mir bildhübsche junge Mädchen quakend einen gutturalen »Gudn Morrrgggn« wünschen.) Also, nix wie weg und zurück zum Online-Bewerbungsverfahren.

Doch dann sprach das Regierungspräsidium den magischen, unverzeihlichen Fluch aus, den alle Referendare am meisten fürchteten: Einstellungsstopp! Gedachte Fußnote dazu: »Was studierst du auch so Nullachtfuffzehn-Fächer, du Idiotin?«

Fuck ... fuck, fuck, fuck, fuck. FUCK!

Nächster Tag am Telefon: »Ja, ich nehm die Stelle gern an. ... Ja, ich freu mich auch. Natürlich. Wird sicher fantastisch. Ja. Bis dann. Danke schön.«

Seitdem unterrichte ich beinahe jedes Jahr eine Klasse Lager-Jungs. Meine Versicherung habe ich deswegen noch nicht gebraucht. Allerdings oft meine Lachmuskeln.

Und der Dialekt – na ja, der ist gar nicht so schwer zu lernen.

STILISTISCHE GRETCHENFRAGE
(Debauchery: Super Hot Vampire Lady)

Wie viele andere wurde auch ich als wehrloses Kleinkind getauft. Evangelisch. Selbstverständlich wartete ich die Konfirmation ab, die mir, dank großer und zum Teil zahlungskräftiger Verwandtschaft, kurzfristig Reichtum bescherte. Damit wusste ich als durchschnittliche Vierzehnjährige gut umzugehen. Ich kaufte mir eine Stereoanlage. Eine richtig fette. Damals richtete sich die Größe der Boxen noch direkt nach der Soundqualität. Herrlich! Mit Konvertierung zum Heavy Metal bin ich dann schleunigst aus dem Jesus-Verein ausgetreten.

Eigentlich hätte ich zu Staub zerfallen müssen, als ich mich in diesen süddeutschen Landstrich begab, der, erzkatholisch, den Übergang vom Mittelalter ins 21. Jahrhundert geflissentlich ignoriert hatte. Wundersamerweise passierte das aber nicht, als ich den Schlagbaum zum Schulort passierte. Ich hatte vorsichtshalber die Augen geschlossen und die Luft angehalten, was mit hundert Sachen auf der Landstraße unvorsichtig erscheinen mag. Auch geschah mir nichts, als ich in jedem Klassenraum ein mit tiefer katholischer Gottgläubigkeit und Fischerdübeln befestigtes Kruzifix vorfand.

Ich hatte nicht gewusst, dass es in diesen Breitengraden üblich war, Kreuze in Klassenräumen aufzuhängen. War es auch nicht ... nur genau hier. Die mordorgleiche Nähe zu Bayern prägte die religiösen Gewohnheiten der Einwohnerschaft und des Schulleiters, der zum Abschied immer voll dialektaler Inbrunst »Goddes Sääägn« wünschte. Etwas unsicher überlegte ich, inwiefern mir das für meine berufliche Zukunft zum

Nachteil gereichen könnte. Die sonore Stimme meines Seminardirektors hallte durch meinen Schädel, der keine zwei Jahre zuvor seine Antrittsrede zum Referendariat mit den gewichtigen Worten begonnen hatte: »Ab heute stehen Sie dauerhaft unter Beobachtung!«

Wir Frischlinge dachten damals zunächst, er meine die fachlich-professionelle Beobachtung. Bis er mit Regeln zur angemessenen Optik im Lehrberuf aufwartete: »Nicht zu freizügig! Frauen minimal im knielangen Rock und, um Gottes willen (wessen sonst?), immer mit Strumpfhose, auch im Sommer! Kurze Hosen für Männer? Is nich! Sandalen schon gar nicht, und wenn, dann bitte mit Socken!«

In diesem Moment wusste ich zwar, dass ich noch im richtigen Land war, checkte aber trotzdem kurz das Datum, um nachzuprüfen, ob ich beim Betreten des Seminargebäudes nicht versehentlich die falsche Tür geöffnet hatte und in ein Wurmloch gefallen war, das mich ins Jahr 1950 zurückkatapultiert hatte. Nope! 2010. Eben hatte ich einen Eid auf unsere Landesverfassung abgelegt. Und wenn ich mich recht erinnerte, stand darin auch was von freier Entfaltung der Persönlichkeit! Ich hätte das Kleingedruckte lesen sollen. Hatte ich mit meiner Verbeamtung etwa meine Persönlichkeit verkauft? Und wenn ja, an wen: den Teufel? Gott? Stefan Mappus? Welche der drei Möglichkeiten mir die liebste gewesen wäre? Na, raten Sie mal.

Damals glaubte ich meinem Seminardirektor nicht. Aber anderthalb Jahre später, mit dem Kruzifix und meinem neuen Chef vor Augen, fragte ich mich doch, ob er regional recht hatte.

Eine Taktik musste her.

Okay, die geplante Mephisto-Tätowierung auf dem Unterarm wurde erst mal auf unbestimmte Zeit verschoben. Schade. Die Oberarm-Tattoos gab es aber schon, und die sollten auch dableiben. So gingen große Teile des ersten Gehalts für eine neue Staffage, sprich Oberbekleidung, drauf.

Die schwarzblaue Haarfarbe hatte ich vorsorglich bereits vor Wochen abgesetzt. Dabei blieb es. Mit Ende zwanzig wurde ich von Grau zum Glück noch verschont. Allerdings war mir mit Blick rechts und links in meinen Familienstammbaum auch klar: Lange hält das nicht mehr!

Der Blick in den Spiegel offenbarte noch etwas. Während normale Menschen im Urlaub so braun werden konnten, dass andere Urlauber neben ihnen immer noch blass aussahen, war ich so weiß, dass selbst Hui Buh das Schlossgespenst neben mir kerngesund gewirkt hätte. Mal wieder in die Sonne gehen? Das hatte nur den Effekt, dass ich erst die Farbe meiner Korrekturstifte annahm und mich danach häutete. Am Ende konnte ich mich doch wieder vor einer alpinaweißen Wand tarnen.

Fakt war also: Ich sah aus wie die Braut des Teufels. Oder besser gesagt, wie die Vorzimmerdame des Teufels. Zum perfekten Vorstellungsgespräch gehörte schließlich ein Blazer. Über meine restliche Garderobe musste ich mir auch Gedanken machen. Jeden Tag dasselbe, das ging absolut nicht.

Als eine ehemalige Schulkameradin erfuhr, dass ich Lehrerin wurde, fragte sie mich (nach dem obligatorischen ungläubigen Staunen und Kopfschütteln), ob unsere Theorie aus der neunten Klasse wirklich stimmte. Damals waren wir zu dem Schluss gekommen, Lehrer bekämen vom Staat zur Einstellung einen Kleiderschrank geliefert, in dem, wie bei den Simpsons, dasselbe Outfit in mehrfacher Ausführung hing. Anlass für diese Theorie war unser Physiklehrer, der jeden Mittwoch mit demselben senfgelben Strickpulli in den Unterricht kam. Dieser Pullover, der genauso roch, wie er aussah, überdeckt bis heute jedwede andere Erinnerung an Physik und den Physiklehrer. Ich kann mich nicht einmal an seinen Namen erinnern.

Wenn ich an den Rest meiner früheren Lehrer dachte, schien die Kleiderschrank-Theorie tatsächlich zu stimmen. Und auch beim Blick auf mein neues Kollegium stellte ich fest: Zumindest ein Fünkchen Wahrheit musste darin stecken. Die staatlichen Einheitsschränke schienen beängstigend viele Karohemden und Tweed zu beherbergen.

Der senfgelbe Pullover aus der neunten Klasse war es, der mir vor Augen führte, wie essenziell die Kleidungswahl für meinen beruflichen Erfolg sein würde – und wie beschissen oberflächlich fünfzehnjährige Mädchen sind. An was sollten sich meine zukünftigen Schüler später erinnern? Wie sollte ich mich stylen: bieder? Schick? Lässig? Cool?

Zu cool erschien mir gefährlich, weil zu cool nach eigener Erfahrung bedeutete: Muss man nicht ernst nehmen. Innerlich hörte ich all meine Bandshirts zu Hause im Schrank verzweifelt aufheulen. Natürlich, die meisten Schriftzüge waren für Ungeübte nicht leserlich. In der Regel entstehen jedoch bei dem Versuch, sie trotz Unkenntnis der musikalischen Materie zu entziffern, aberwitzige Wortgebilde; Menschen verschlucken ihre eigene Zunge und sterben einen qualvollen Erstickungstod. Auch die Pentagramme und umgedrehten Kreuze waren verräterisch.

Wider Erwarten und zu meiner großen Erleichterung wurde am Tag meiner Verbeamtung kein Schrank geliefert. Also machte ich mich daran, meinen umzustrukturieren, und entwickelte eine dissoziative textile Identitätsstörung. Ich fühlte mich wie eine Superheldin: tagsüber spießbürgerliche Jung-Studienrätin in Standard-Blue-Jeans und Hemdbluse im Kampf gegen die Verdummung der Massen – nach Schulschluss verwegene Heavy-Metal-Batwoman im Kampf für Blödsinn und Bier.

Ich überlegte kurz, mir eine Clark-Kent-Brille zu besorgen, entschied dann aber, der Superman-Stil wäre etwas zu viel des Guten. Außerdem: Ich war Batwoman. Crossover taugen nichts.

Nach Vollendung meiner Tarnidentität zeigte ein Lautstärketest des Autoradios in meinem ranzigen Seat-Ibiza-Batmobil, dass ich vor Befahren des Lehrerparkplatzes tunlichst den Regler senken sollte. Sonst würde ich die ganze Gemeinde sofort auf mein Doppelleben aufmerksam machen. Inzwischen vergesse ich das oft. Nicht nur einmal bin ich aus dem Auto gestiegen und habe mich über den ein oder anderen entgeisterten Blick gewundert.

Auf diese Weise also zumindest optisch ein wenig geläutert, betrat ich in den ersten Tagen des neuen Schuljahres das Schulgebäude. Ganz wohl fühlte ich mich nicht in meiner neuen konformistischen Haut. Wenigstens trug ich unter der Bluse ein Bandshirt. Allein das Wissen, dass es da war, machte die Kostümierung erträglicher.

Einige Tage später – der Spätsommer hatte mit knapp dreißig Grad noch einmal heftigst zugeschlagen – lief ich über den Flur und wünschte mich in einen luftigen Rock (ohne Strumpfhose), als mir Kollege A. entgegenkam …

… und zwar in Metal-Shirt und kurzer Hose! Er grinste mich im Vorbeigehen an, grüßte mit der »Pommesgabel« und nickte wissend. Völlig verwirrt sah ich mich um. Der Flur war voller Menschen. Keiner schien sich für uns zu interessieren. Mein erster Gedanke war: Was zum Allmächtigen hat mich verraten?

Was ich an diesem Tag gelernt habe? Solange man nicht halb (oder ganz) nackt zur Schule kommt, ist es den meisten Schülern völlig Latte, wie man als Lehrer herumläuft. Und dass ich mich weder an den Menschen im senfgelben Pullover noch an Physik erinnere, liegt wohl nur in einer Sache begründet: Er war schlicht und ergreifend eine stinklangweilige Person.

Ich brauchte dennoch einige Jahre, bis ich Batwoman und die Studienrätin zu einem Menschen zusammengeführt hatte. Mit dem Ergebnis bin ich ganz zufrieden. Meine inzwischen stellenweise ergrauten Haare nehmen die blauschwarze Farbe wieder dankbar an. Die meisten Bandshirts kommen regelmäßig an die frische Luft, sind glücklich und verstehen sich prima mit den ihnen zugeteilten Hemden. Strumpfhosen im Sommer – sag mal, hackt's?

Meine Schüler haben kurzzeitig ein Wettspiel namens »Fifty Shades of Black« ins Leben gerufen. Dabei sollte zu Schuljahresbeginn geschätzt werden, wie oft ich in Kleidung zur Schule kommen würde, die nicht von der Farbe Schwarz dominiert wird. Leider musste es bald abgebrochen werden, weil Streit darüber entbrannte, wo genau Dunkelgrau aufhört und Hellschwarz anfängt.

Eine kreative Neuauflage des Spiels im vergangenen Jahr bekam den lyrischen Namen »Das Tätu kuckt raus!«. Allerdings machte ich dem Treiben auf einer einwöchigen Studienfahrt im Sommer ein Ende, weil ich konsequent kurzärmelig erschien und das Spiel damit ad absurdum führte. Vielleicht gibt es im kommenden Jahr ja ein Remake mit dem Titel »Welches Tätu kuckt raus?«. Oder »Errate das Bandshirt ... und stirb!«, man weiß es nicht.

Nur manche Shirts lasse ich doch lieber im Schrank. Tatsächlich beschleicht mich ab und zu das ungute Gefühl, dass einer unserer Religionslehrer hinter der nächsten Ecke lauert und abwägt, wann es an der Zeit ist, mit mir einen Exorzismus durchzuführen.

Der Mephistopheles auf meinem Unterarm ist auf jeden Fall vorbereitet.

METALLICA BEI H&M
(J.B.O.: Metaller)

Manchmal fragt mich jemand, welche Musik ich höre.
   Mhm. Echt jetzt?
   In solcherlei Situationen suche ich immer nach den drei schwarzen Punkten auf gelbem Grund am Arm meines Gegenübers. Denn er muss blind, vielleicht aber auch einfach nur blöd sein, wenn er das nicht aus hundert Meter Entfernung erkennen kann! Dann schaue ich wieder ins ideenlose Gesicht und sehe: Der meint es ernst. Spätestens jetzt weiß ich, dass ich mir eine ausführliche Antwort sparen kann. Gut. Weil einfach.
   »Metal.«
   »Ääh, ja. So Metallica und so? Is mir 'n bissl zu hart.«
   Ich beende solche Gespräche immer recht schnell, denn die führen zu nix und machen mich, im Gegensatz zu Metal, latent aggressiv.

Völlig anders verlaufen Unterhaltungen dieser Art mit Gleichgesinnten. Ich erklär Ihnen das mal. Aufpassen, ja? Sollten Sie im Besitz eines oder mehrerer Hunde (oder mit Metallern vertraut) sein, wird Ihnen der folgende Vergleich einleuchten.
   Katzen? Katzen gehen auch. Aber nicht ganz so gut. Ruhe jetzt!
   Anhänger schwermetallischer Musik sind ein bisschen wie Hunde. Ihre Fellpflege ist, je nach Rasse, mehr oder weniger intensiv. Oft machen sie Dreck, und manchmal riechen sie auch ein bisschen. Wenn sie einen Vertreter ihrer Art in der Nähe wahrgenommen haben, wird's interessant. Dann wird taxiert,

eingeordnet und geschnüffelt. Bereits nach kurzer Analyse steht fest, ob man den anderen als Kumpan anerkennen kann oder nicht. Denn nicht jeder versteht sich automatisch mit jedem. Wobei die Maxime gilt: Irgendein Metaller ist immer noch besser als kein Metaller.

Nach der ersten Kontaktaufnahme, die in der Regel lautlos durch dezentes, verschwörerisches Kopfnicken erfolgt, kommt langsame Annäherung und schließlich die alles entscheidende Frage nach der musikalischen Geschmacksrichtung. Antwortet man nun lediglich »Metal«, ist das in etwa so, als würde man auf die Frage nach der Leibspeise antworten: »Essen.« Es wäre das erste Anzeichen dafür, dass man von Metal schlicht und ergreifend keine Ahnung hat – also ein Poser ist. Niemand mag Poser!

Bei näherer Betrachtung ist das wieder ähnlich wie bei Hunden. Hund ist nicht gleich Hund. Wer sich schon einmal ausführlicher mit diversen Hunderassen auseinandergesetzt hat, weiß, wovon ich spreche. Allerdings gibt es unter denen auch keine Poser.

Damit wir uns ein bisschen besser kennenlernen und Sie wissen, was Phase ist, folgt hier eine (noch lange nicht vollständige) Liste der wichtigsten Metal-Subgenres:

- Heavy Metal
- Black Metal
- Death Metal
- Glam Metal
- Power Metal
- Groove Metal
- Thrash Metal
- Speed Metal
- Doom Metal
- Progressive Metal
- Gothic Metal

- Industrial Metal
- Nu Metal
- Folk Metal
- Grindcore
- Metalcore
- Deathcore
- Pagan Metal
- Symphonic Metal
- Viking Metal
- Alternative Metal
- White Metal
- Sludge Metal und viele mehr.

Als wäre das der verwirrenden Härte nicht schon genug, verfügt jedes Subgenre nochmals über ein Subsubgenre. So ist Symphonic Black Metal für geübte Ohren selbstverständlich etwas ganz anderes als Atmospheric Black Metal, welcher sich stilistisch wiederum vom fröhlichen Depressive Suicidal Black Metal unterscheidet, ganz zu schweigen vom elektronisch angehauchten Ambient Black Metal. Von zahllosen Mischformen, die durch Paarung einzelner Subsubgenres entstehen, fange ich gar nicht erst an. Solche Bands tragen in deutscher Übersetzung poetische Namen wie »Körperverletzung«, »Abgrundtiefer Hass«, »Kannibalenleiche« oder »Angstfabrik«.

Sie denken jetzt: Das muss die ironisch meinen. Mitnichten!

Beim Verfassen dieses Textes habe ich kurz überlegt, die gedruckte Version im Stil eines Soundbuches für Kinder anzubieten, unter dem Titel *Hör mal, wer da kreischt!* oder *Die schönsten Metal-Hits zum Mitgrölen*. Passend dazu gäbe es ein Malbuch: *Malen nach The Number of the Beast*. Einzig benötigte Farbe: Schwarz. Vielleicht das nächste Mal. Ich schweife ab.

Nun sind Sie mit der Materie vertraut genug, um folgen zu können, hoffe ich.

Wir waren bei Hunden. Man könnte natürlich versuchen, auf der Hundewiese einen Rottweiler mit einem Toy-Pudel spielen zu lassen. Kann funktionieren. Ist aber meist keine so gute Idee, denn der Toy-Pudel ist danach nicht mehr zu wirklich viel zu gebrauchen. Ähnlich verhält es sich mit Metal-Fans. Freilich kann man einen Brutal-Death-Metaller mit einem Glam-Rocker in einen Raum stecken. Theoretisch. Aber wer das in der Praxis schon mal versucht hat, weiß, dass auch der Glam-Rocker danach nicht mehr zu wirklich viel zu gebrauchen ist. Wobei das bei der Frisur im Grunde auch egal ist …

Entgegen einer weit verbreiteten Meinung beschnüffeln sich Metal-Fans aber nicht am Hinterteil, um sich zu begutachten. Eindeutiges Erkennungsmerkmal ist in diesem Fall das wichtigste Utensil: das Bandshirt. Deutlich sichtbar erspart einem dieses symbolträchtige Stück Stoff oft mühsame Konversation. Jeder richtige Metaller hegt und pflegt seine Textilsammlung mit ähnlicher Hingabe und Zuneigung wie seine Plattensammlung. Oder seinen Hund. Oder umgekehrt. Egal. Manches Shirt begleitet einen Metaller sein Leben lang. Ich bin beispielsweise noch im Besitz meines allerersten: 1988 – Ozzy Osbourne.

Als ich es bekam, war ich sechs Jahre alt. Inzwischen hängt es in Fetzen herunter und ist verwaschen wie Hulle. Wenn ich es trage – mit Stolz und in der Hoffnung, es möge mir in der Öffentlichkeit nicht unbemerkt vom Körper flüchten –, denken die Nachbarn zwar: Huh, die komische Bleiche von nebenan hat wieder ihre Putzlappen mit den Hemden verwechselt! Aber ich würde niemals auf die abstruse Idee kommen, es zu entsorgen. Sie verstehen, welchen Wert solch ein Textil hat. Immer noch nicht? Kennen Sie den schwäbischen Gruß? Vielleicht sollten Sie mehr Goethe lesen. Da können Sie was lernen.

In der Schule freue ich mir immer ein zweites Loch in den Allerwertesten, wenn ich Metal-Nachwuchs im Bandshirt entdecke. Leider scheint es sich hierbei, zumindest in den ländlichen

Breitengraden, um eine vom Aussterben bedrohte Art zu handeln. Ich bin da gar nicht mehr so anspruchsvoll. Über die Jahre habe ich einen breit gefächerten Geschmack entwickelt, was die verschiedenen Metal-Genres angeht. Man muss nicht gleich der superelitäre Black-Metaller sein, um mich zu beeindrucken. Heavy ist vollkommen okay. Damit habe ich schließlich auch angefangen.

Dank meiner großen Brüder und der Tatsache, dass meine Eltern wohl dachten, ich sei bei denen in guten Händen, bin ich mit allen Heavy-Metal-Klassikern groß geworden. Neben Ozzy Osbourne und Black Sabbath waren Metallica, Megadeth und Judas Priest meine musikalischen Wegweiser, bevor ich mit fünfzehn über Black und Death Metal stolperte. Mit dem Alter wird man bekanntlich milder, und so bin ich inzwischen ziemlich tolerant. Aber alles, was kein Metal ist, möge meinen Ohren bitte fernbleiben. Das ist nicht einfach, wenn neunundneunzig Prozent deiner Schüler dem gängigen Youtube-One-Hit-Wonder hinterherjodelt. In jeder Pause döpdöpt und uffztuffzt es aus den Smartphones.

Vom Modegeschmack will ich gar nicht anfangen. Wenn Sie der Meinung sind, Metaller sähen alle gleich aus: Waren Sie in letzter Zeit mal an einer deutschen Schule? Es scheint, als wären alle aus einem Primark-Schaufenster gefallen und danach zusammen zum selben Friseur gegangen. Sitzt doch mal ein seltenes Metal-Schüler-Exemplar vor mir, erwarte ich vom Gleichgesinnten selbstverständlich Großes. Obwohl es tragisch wird, wenn der vielversprechende Jung-Metaller sich intellektuell ebenso als Flachpfeife entpuppt wie seine Döpdöp-Kollegen. Oder noch schlimmer: als Poser! In so einem Fall fremdschäme ich mich sehr, denn er (oder sie) gehört schließlich zur Metal-Familie. Und niemand will Deppen in der Familie haben.

Ich freute mich immens, als ich eines Tages den Klassenraum meiner Elften betrat und Martha, ihres Zeichens das Gegenteil einer Flachpfeife, in der ersten Reihe im Metallica-Shirt dasitzen sah. Gut, ist inzwischen auch eher Mainstream, aber natürlich Kult. Wer das Gegenteil behauptet, möge sich bitte spontan selbst entzünden. Etwas stutzig machte mich, dass das Shirt nicht schwarz war, sondern altrosa. Ausgebleicht und mit Blut gefärbt schien mir hierfür die einzig sinnvolle Erklärung zu sein. Mysteriös. Ein Test musste her.

In einer ruhigen Minute summte ich scheinbar gedankenverloren, aber deutlich wahrnehmbar die Melodie von *Nothing Else Matters* – ein astreiner Hochzeitswalzer, nebenbei bemerkt. Dabei ließ ich Martha keine Sekunde aus den Augen und wartete gespannt wie James Hetfields Gitarrensaite auf ihre Reaktion.

Nichts. Nicht mal ein Zucken, kein allerkleinster Deut des Wiedererkennens.

Wusst ich's doch. Kampfansage: »Sag mal, Martha, ich wusste gar nicht, dass du Metallica hörst.«

»Was?«

»Wie bitte!« (Ach, tun Sie nicht so überrascht. Ein bisschen ernst nehme ich meinen Erziehungsauftrag schon.)

»Wie bitte?«

»Na, dein Shirt! Da steht doch fett ›Metallica‹ drauf! Was ist das denn für 'ne Masche? Willst du mich damit beeindrucken, oder was? So tun, als würdest du Metal hören, um dich bei mir einzuschleimen? Ich hab dein Spiel durchschaut! Du … du … POSERIN!«

Martha, sichtlich verängstigt und den Tränen nah, wurde mit jedem Wort ein Stückchen kleiner. Das tat mir zwar leid, aber es gibt Dinge, mit denen spaßt man nicht – und altrosa Metallica-Shirts überschreiten meine rosa, herrje, rote Linie kilometerweit.

»Ähm, eigentlich hab ich mir das gestern bei H&M gekauft. Ich fand das einfach nur hübsch«, druckste Martha herum.

Stille.

Das musste ich erst mal sacken lassen. Nach einer Weile ungläubigen Löcher-in-meine-Schüler-Starrens brachte ich dann doch eine Reaktion zustande: »Einfach. Nur. Hübsch? Du verarschst mich doch!«

Martha: »Nee, die haben da viele so Shirts. Echt schick!«

»Aha, ja, schick ... SCHICK? Du redest hier von einer der größten Metal-Bands der Galaxis! Wegen denen bin ich das geworden, was ich jetzt bin!«

»Lehrerin?«, hallte es aus der letzten Reihe.

»Ach, Himmel, Arsch und Zwirn, halt die Backen, Hannes!«

Metallica bei H&M! Was kam als Nächstes? Slayer bei Pimkie? In der Pause hechtete ich an den Computer, betätigte die Suchmaschine, und richtig: Dem schwedischen Textilverschleuderer schien nichts heilig zu sein. Er verkaufte unwissenden kleinen Mädchen nicht nur Oberbekleidung mit Metallica drauf, sondern auch mit AC/DC, Iron Maiden, Megadeth und tatsächlich ... Slayer.

Hin- und hergerissen, ob ich einen Nervenzusammenbruch erleiden oder meinen Warenkorb füllen sollte, glotzte ich auf den Monitor. Ich glaubte zu hören, wie Bon Scott in seinem Grab rotierte. Es galt einzugreifen! Vielleicht konnte ich die Gunst der Stunde nutzen, den Spieß umdrehen und mithilfe eines Kleidungsdiscounters einige meiner popverseuchten Zöglinge musikalisch bekehren.

Ich gab Martha die Hausaufgabe, sich bis zur nächsten Stunde einige Klassiker von Metallica anzuhören. Musste klappen. Wie konnte man diese Meisterwerke nicht erkennen? So verblendet konnte keiner sein.

Mit gemischten Gefühlen – einem Teil Hoffnung, zwei Teilen Furcht und einem Teil prophylaktischer Resignation – stürmte ich am nächsten Tag ins Klassenzimmer. Leider muss man sagen: Das Ergebnis war niederschmetternd. Ich war kurz (aber nur ganz kurz) davor, mein Ozzy-Shirt den örtlichen Lumpensammlern zu spenden.

»Das langsame Lied ist ja ganz schön. Aber der Rest – voll der Krach!«, lautete Marthas vernichtendes Urteil.

Wieder eine Generation am kulturellen Arsch. Ich schüttelte mich kurz und dachte: Scheiß doch der Hund drauf! Wenigstens trug Martha das Shirt nie wieder. Zumindest nicht in meiner Anwesenheit, und das war auch gut so.

Drei Jahre später. Abschlussfeier. Ich stand auf der Bühne der städtischen Multifunktionshalle. Hier sollte die übliche lieblose Zeremonie stattfinden, mit der meinen Chaoten die Zeugnisse überreicht und sie ins echte Leben gejagt wurden. Unter ihnen Martha, die trotz Döpdöp-Musik einen wirklich guten Abschluss hingelegt hatte. Wie immer inszenierte jede Klasse ihren Auftritt mit viel Brimborium, um die Tristesse der Örtlichkeit mehr schlecht als recht zu überspielen. Meine Gurkentruppe war als erste am Start.

Plötzlich wurde es stockfinster im Saal. Die mächtigen Doppelschwenktüren in Eiche rustikal öffneten sich theatralisch. Nebel waberte herein. Und dann kamen sie: vierundzwanzig junge, nicht mehr ganz so dumme Exemplare der Gattung Mensch – zur einsetzenden Melodie von AC/DCs *Hells Bells*.

Sie näherten sich langsam der Bühne, waren sich der Schwere und Ernsthaftigkeit des Moments durchaus bewusst. Alle Eltern-, Lehrer- und Schulleitungsaugen waren auf sie gerichtet. Würdevoll auf sie herabblickend sah ich, wie sich aus der Gruppe der Nebelgestalten ein einzelnes dünnes Ärmchen erhob. Von der schmächtigen Faust weg spreizten sich Zeigefinger und kleiner Finger zum diabolischen Gruß. Ich lächelte.

Die Eltern und Kollegen im voll besetzten Saal verfolgten das Spektakel mit einer Mischung aus Missbilligung und Unglauben. Und ich? Ich konnte nicht anders: Während ich mit einer Hand ein Tränchen der Rührung und des Stolzes fortwischte, reckte ich die andere in die Höhe, tat es dem Mutigen gleich und ehrte meine Schüler so, wie sie es sich verdient hatten!

AUFRÜSTUNG
(RAMMSTEIN: DEUTSCHLAND)

Aufgabe: »Beschreiben Sie eine konkrete Maßnahme, mit der erreicht werden kann, dass Jugendliche sich wieder mehr an politischen Prozessen und Wahlen beteiligen.«

Antwort: »Es wäre gut, wenn es in der Schule ein Fach gäbe, in dem den Schülern erklärt würde, wie die Demokratie in Deutschland funktioniert.«

Jop. Dagegen ist jetzt spontan nix einzuwenden, oder? Volle Punktzahl. Vorbildlich. Wenn dieser wunderbare Satz nicht für eine Abschlussprüfung verfasst worden wäre ... im Fach Politik.

Hach ja. Als ich das vor einigen Jahren las, hatte ich einen so exorbitanten Lachflash, dass ich mich in Homer-Simpson-Manier auf dem Büroboden mehrfach um die eigene Achse drehte. Mein erster Gedanke war: Zum Glück war dieser Idiot keiner von *meinen* Schülern! Klingt arschig-überheblich, aber das wundert Sie hoffentlich nicht mehr.

Meine zweite, dritte, vierte Überlegung und viele weitere führten zu einem anderen Gedankencocktail. Vielleicht wollen Sie mir dabei Gesellschaft leisten. Aber Vorsicht: harter Stoff!

Ich unterrichte Politik und Geschichte. Ich scheine wichtig zu sein. So wichtig, dass es Parteien in diesem Land gibt, denen es (anders als einigen Schülern) nicht egal ist, was ich im Unterricht erzähle. Wenn es nach denen ginge, stünde ich dank eines Denunziationsportals schon lange auf irgendeiner ominösen Liste. Tu ich vielleicht sogar. Fuck it.

Jetzt fragen sich sicher einige besorgte Bürger: »Sachma, darf die das?«

Ja, die darf das! Der in den letzten Jahren viel zitierte Beutelsbacher Nonsens »verpflichtet Lehrkräfte gegen Indoktrination, aber nicht zur Wertneutralität«. So die Landeszentrale für politische Bildung. Trotzdem hat sich seit einiger Zeit meine eigentlich unbeschwerte, oft riskant-gedankenlose Art zu unterrichten verändert.

Nicht falsch verstehen: Ich sage meine Meinung. Immer. Laut und deutlich. Allzu oft auch dann, wenn ich nicht danach gefragt werde. Aber seit einer Weile tue ich das mit dem klaren Hinweis, dass es sich um meine, mir eigens gebildete Meinung handelt. Ich habe schon überlegt, ein Schild anzufertigen, das ich bei Bedarf hochhalten könnte. Statt »Spoiler-Alarm« stünde darauf: »Meinungsalarm«. Zu groß scheint die Gefahr, Schüler könnten was missverstehen und denken, ich wolle ihre Meinung manipulieren. Schon mal versucht, etwas zu manipulieren, das gar nicht da ist? Schwer!

Darum fragen sie mich oft nach meiner Meinung. Und ich sage sie ihnen, offen und ehrlich. Was ich von der AfD halte, von Trump, Putin, Erdoğan, der Flüchtlingspolitik und dem Rechtsruck, den es in Deutschland gibt. Indiskutabler Fakt. Der findet auch in unserer Schule auf dem nicht ganz so platten Land statt, obgleich einige Kollegen einen auf drei Affen machen: nichts sehen, nichts hören, nichts sagen. Vielleicht auch nichts wissen. Nur eine These meinerseits.

Meinen ersten Kampf trug ich gleich am Anfang meiner Karriere aus. (Ja, Mutter, ich weiß, Lehrer können keine richtige Karriere machen!)

Ich war im zweiten Jahr, meine Berufsschüler ebenso. In Politik hatten wir quasi Gleichstand, aus dem simplen Grund, dass ich dieses Fach eigentlich nie studiert hatte – also, nicht »eigentlich nie«, sondern überhaupt nicht. Ich hatte es allerdings mit dem Übertritt in das berufliche Schulwesen gratis zum Fach Geschichte dazubekommen. Wie nett.

Neu im zweiten Jahr war Karstens Pullover von Thor Steinar. Er war das Erste, das mir Montagmorgen schmerzend in die Augen stach, als ich den Klassenraum betrat. Und das, obwohl Karsten sich dezent in die letzte Reihe verzogen hatte. Seinem Blick entnahm ich: Er wusste, dass ich Bescheid wusste. Das Duell war also eröffnet. Von da an änderte sich so einiges.

Sicher, Karsten war schon immer einer der Kandidaten, die alles genau wissen mussten. Das mochte ich bisher an ihm. Nach seinem politischen Fashion-Outing wurde aus seinem kritischen Nachfragen plötzlich ein Alles-infrage-Stellen: Demokratie, Grundrechte, Pluralismus. Dennoch wurde er nicht müde, sich auf sein Lieblingsrecht zu berufen (was bei seiner Lautstärke wörtlich zu nehmen war): das Recht auf freie Meinungsäußerung. Ich machte ihm eindringlich klar, dass dieses Recht auch die Tatsache beinhaltete, dass andere seine Meinung kacke finden durften. Das fand er wiederum kacke, aber er durfte es sagen.

Als er schließlich den Holocaust infrage stellte, stellte ich wiederum Karstens Anwesenheit in meinem Unterricht infrage und verwies ihn des Klassenraums. Der Punkt war erreicht, an dem ich gepflegt die Schnauze voll hatte. Karstens Meinung dünstete bereits aus. Ich musste echt was tun. In meiner Unwissenheit wandte ich mich an den Klassenlehrer, doch dessen Ahnungslosigkeit war noch größer als meine. Weder war er sich des Problems bewusst noch konnte er mit Karstens neuem Modebewusstsein und seiner Affinität zur Farbe Braun etwas anfangen. Auf gut Deutsch: Mein Kollege hatte keinen Schimmer, wovon ich redete. Ich würde überdramatisieren.

Das war im Jahr 2012. Überdramatisieren, hm?

Ich will ja nicht sagen, dass ich einen Hang zur Schwarzmalerei habe, aber ich habe nun mal einen Hang zur Schwarzmalerei. Und womit? Mit Recht! Und inzwischen aus Erfahrung. Seither habe ich mein verbales Waffenrepertoire gegen rechte und andere extremistische Auswüchse im Terminator-Stil aufgerüstet, muss aber leider feststellen, dass dies auch jährlich nötiger wird.

Ich versuche, nicht nur mich, sondern auch meine Schüler zu rüsten. So gut es mit einer Stunde pro Woche eben möglich ist. Mehr ist politische Bildung dem Land nicht wert. Und das merken die Karstens dieser Welt! Wobei ich im deutschlandweiten Vergleich wohl auf relativ hohem Niveau jammere. Eine kesse Idee meinerseits: Wäre es nicht super, wenn angehende Lehrer oder zumindest die, die politische Inhalte vermitteln, während der Ausbildung gezielt auf derartige Situationen vorbereitet würden? Wie gesagt – nur so 'ne Idee. Was weiß ich schon.

Zumindest bin ich inzwischen zu einer der besten Kundinnen der Bundeszentrale für politische Bildung geworden, weil ich jedes Jahr fünfzig bis hundert Heranwachsende mit Gratisexemplaren unserer Verfassung zuschmeiße. Selbst wenn sie das Heft nicht über das für den Unterricht nötige Maß hinaus benutzen, nehmen sie es zur Kenntnis. Immerhin. Außerdem kommt mein Hinweis gut bei ihnen an, dass man, wenn man genau zielt und mit der Buchkante trifft, prima Nazis damit bewerfen kann.

Karsten habe ich damals nicht beworfen, obwohl ich mich mehr als einmal zurückhalten musste. Aber ich ließ ihn auch nicht in Ruhe. Ich laberte ihn tot. Na ja – nicht tot, aber so zu, dass er es irgendwann aufgab, seinen Stuss weiter zu verbreiten. Was ich nicht geschafft habe: seine Meinung zu ändern. Trotz Aufrüstung. Mein Arsenal war vielleicht noch zu klein. Das hat sich geändert. Es ist mir schon ein paarmal gelungen, einen Vollhorst vom »rechten« Weg zum Extrem-Erich abzubringen.

Ich habe die unbeachteten und viel belächelten Nebenfächer Politik und Geschichte für mich zu Hauptfächern erklärt. Deshalb passiert meinen Schülern der eingangs geschilderte Fauxpas auch nicht. Denn sie sind politisch interessiert und gebildet.

So setze ich mich guter Dinge an den Schreibtisch, schnappe mir einen Stapel Prüfungsarbeiten und zücke den Rotstift. Ich schlage die erste Klausur auf. In froher Erwartung ertönen in meinem Kopf bereits chorale Gesänge im Stile von Sisters of Mercy, *This Corrosion* – ob der Erleuchtung, die meine Schüler durch mich erlangt haben.

Ich lese: »Die UNO ist die Wehrmacht der EU.«

Ich klappe die Klausur wieder zu, ramme mir eine Ausgabe des Grundgesetzes ins Auge und verlasse das Lehrerzimmer.

»Wo gehst du hin?«, fragt meine Kollegin.

»Aufrüsten.«

DER EINE RING
(BLIND GUARDIAN: LORD OF THE RINGS)

Deutsch. Wirtschaftsgymnasium. Klasse elf.
Thema: Lyrik. Genauer gesagt, Symbolik in Liebesgedichten.

Sowohl bei mir als auch bei den maximal lyrisch desinteressierten Pubertären hinterlässt diese Thematik jedes Mal aufs Neue einen bitteren Nachgeschmack mit leichter Kotznote im Abgang. Das mag daran liegen, dass ich – wie mein Gatte nie müde wird zu bestätigen – romantisch bin wie Dosenbier. Dennoch hat er mich vor Jahren dazu bekommen, ihn zu ehelichen.

Schon sein Antrag war legendär und vor allem meiner würdig: »Du, lass doch demnächst heiraten.«

»Okay.«

Läuft! Zur Feier des Tages folgten Burger und Guinness im Pub. Welche Frau könnte da Nein sagen? Das ist mein Ding. Für alles Feinfühlige fehlt mir der Sinn. Schon immer. Bereits im zarten Teenageralter führten bei allen gleichaltrigen rosa Geschlechtsgenossinnen Filme wie *Dirty Dancing* zu Herzflattern und verfrühten Hormonschüben. Ich kuckte so lange lieber *Mel Brooks' Spaceballs* oder *Terminator*. Und einige Jahre später, als *Titanic* gefühlt drei Jahre lang im Kino lief und ich mich auf dem schwindelerregenden Gipfel meiner Pubertät befand, war meines Erachtens die beste Szene im Film die mit der Schiffsschraube am Ende. Sie wissen, welche ich meine. Ich habe gebrüllt vor Lachen. Ob das nun Ursachen oder Symptome meiner ausgeprägten Unromantik sind, weiß ich jetzt auch nicht so genau.

Jedenfalls fand die Hochzeit ein Jahr nach dem Verlobungsburger statt. Jetzt stellen Sie sich mal vor, wie ich ein hübsches weißes Schulterfreies trage, so mit Schleier und allem Pipapo. Klappt nicht? Sie haben völlig recht.

Die Suche nach einem Hochzeitskleid gestaltete sich ausgesprochen einfach. Wir schrieben das Jahr 2002. Der zweite Teil der *Herr-der-Ringe*-Trilogie lief im Kino. Also die Verfilmung jenes literarischen Meisterwerkes, das ich im Alter von fünfzehn Jahren zu meiner neuen Religion (neben Metal) erhoben habe. Schon bei den ersten Trailern zu Peter Jacksons monumentalem Machwerk bin ich vor dem Röhrenfernseher auf die Knie gefallen und in Tränen ausgebrochen.

Ich sitze also mit meinem Freund im Kino – *Herr der Ringe: Die zwei Türme* – und sehe in der dreiundfünfzigsten Minute Éowyn von Rohan vor die goldene Halle Meduseld treten. Und sie trägt mein zukünftiges Hochzeitskleid! Darin habe ich meinen Freund dann auch geheiratet. Also, jetzt nicht genau den, mit dem ich damals im Kino war, sondern den, der danach kam.

Ich war dabei, Ihnen zu erläutern, wie unromantisch ich bin, also weiter im Text.

Ich heiratete stilbewusst im langen Dress, Éowyn-Style. Das war nicht nur Ausdruck meiner Tolkien-Gläubigkeit. Es war auch ein Kompromiss, meiner Unlust geschuldet, mir am Tag des hochzeitlichen Spektakulums das Dauerschleifen-Genöle meiner Mutter anzuhören, ich sähe mit meinen Tätowierungen aus wie eine asoziale Gangsterbraut (was wäre daran schlimm gewesen?). Auf die Kirche verzichteten wir einvernehmlich. Dort würde uns sowieso niemand mehr dulden. Das stumpfe standesamtliche Zeremoniell mit anschließendem Familien-Spießrutenlauf war Pflicht. Die Kür erfolgte zwei Wochen später, als wir mit unseren langhaarigen schwermetallischen Freunden eine gestandene Drecksau-Lagerfeuerparty veranstalteten. Metal, Bier, Jägermeister, Spanferkel – so stelle ich mir das Paradies vor. Meine Mutter nicht. Wie auch der Rest meiner Vorkriegsverwandtschaft.

Ich denke, ich habe den Beweis hinlänglich erbracht: Romantik und ich – passt nicht. Im Unterricht muss ich auf andere Möglichkeiten zurückgreifen, um bei den potenziellen Nachwuchsakademikern das Interesse für Bildhaftes zu wecken.

Ich pflückte meinen Ehering vom Spinnenfinger und packte ihn unter die Dokumentenkamera (Digitalisierung – sie lebe hoch!): »Kann mir jemand sagen, was das Ringsymbol im Zusammenhang mit Liebesgedichten bedeutet?«

»…«

Grillenzirpen. Ein Tumbleweed-Busch rollte gelangweilt durch den Klassenraum.

»…«

Schließlich meldete sich in der letzten Reihe Sebastian. Sein Gesichtsausdruck zeugte von hundertprozentiger Entschlossenheit, gleich die korrekte Antwort abzuliefern. Aufrecht und mit einer Stimme, die im Rahmen seiner Möglichkeiten tief und gewichtig klang, deklamierte er: »*Ein* Ring, sie zu knechten …«

Ich blicke abwechselnd auf meinen Ehering und in Sebastians Gesicht, zögerte aber nur einen winzigen Moment … »Völlig richtig! Danke, Sebastian.«

Ich brauche mir keine Sorgen zu machen. Liebeslyrik läuft.

FSK AB 18
(Van Halen: Hot for Teacher)

Lehrer wissen alles: Dass dem nicht so ist, hat sich mittlerweile bei den meisten Bewohnern dieses Planeten herumgesprochen.

Lehrer wissen alles über ihre Fächer: Dass dies so sein sollte, ist eine gängige Ansicht, zumindest der Schüler, aber auch der Eltern und überhaupt aller – nur nicht der jeweiligen Lehrer. Hier kann es im Unterricht zu Missverständnissen über die Bedeutung des Begriffs »Fachkompetenz« kommen. Schüler-Lehrer-Gespräche dieser Kategorie laufen typischerweise nach dem folgenden Muster ab.

Malte-Sören: »Was hat Goethe eigentlich gerne zum Frühstück gegessen?« *(Ich frag das nur, um die zu nerven.)*

Lehrkraft: »Woher soll ich das denn wissen?« *(Du fragst das nur, um mich zu nerven.)*

Malte-Sören: »Sie haben aber doch Deutsch studiert!« *(Das bringt die jetzt zum Ausrasten!)*

Lehrkraft: »Ja, ganz recht!« *(Du aber nicht! Gleich werd ich gepflegt ausrasten!)*

Malte-Sören: »Warum wissen Sie das dann nich?« *(Jetzt geht's los!)*

Lehrkraft: »Ja, bin ich denn eine wandelnde Kack-Bibliothek? Heiß ich Internet? Pack dein viel zu teures Smartphone aus, das dein Anwaltspapa dir für lau in den Arsch geschoben hat, und google das, wenn du Klugscheißer jeden Dreck wissen musst!«

Hinweis: Dieser Dialog ist rein fiktiv und hat sich (genau so) noch nie in meinem Unterricht abgespielt.

Sicher ist es von Vorteil, sich mit den unterrichtsrelevanten Themen bis ins Detail auszukennen. Tatsächlich bin zumindest ich aber keine wandelnde Bibliothek. Daher hat sich in Situationen der Unwissenheit folgende Geheimwaffe in meinem Unterricht bewährt: schonungslose Ehrlichkeit. Ich gebe zu, dass auch im eigenen Fach Dinge existieren, die ich nicht weiß, um die ich (aus Versehen) im Studium einen großen Bogen gemacht habe, über die ich mir noch nie Gedanken machen musste oder die mir einfach wurstegal sind. Das beeindruckt viele Schüler nachhaltiger, als wenn ich den Glauben erwecke, ich sei Wikipedia.

Okay, es ist dumm, wenn einem so was ständig und bei den banalsten Geschichten passiert. Das sägt dann doch etwas an der beruflichen Glaubwürdigkeit. Zu Recht! Das mussten auch schon Referendare lernen, die ich mit Heugabel und Pechfackel von dannen gejagt habe, da sie der Meinung waren, es genüge, sich bereits fertige Stundenentwürfe aus dem Internet zu ziehen. In der Uni scheint das funktioniert zu haben.

Auch wenn es mir viele nicht glauben werden – es gibt ein paar Sachen, die kratzen an meiner Lehrerwürde. Lieblose Unterrichtsvorbereitung gehört dazu. Mir bereitet das verdammt viel Freude: mich in ein Thema verbeißen, es von allen Seiten beleuchten und mich dann der maximalen Herausforderung stellen, es so umzuarbeiten, dass selbst ein durchschnittliches Dinkelbrötchen es versteht oder nein, mehr noch, sich dafür interessiert (manchmal teste ich das vorher an meinem Mann, aber verraten Sie es ihm bitte nicht!) … wenn denn genügend Zeit zur Verfügung steht.

Und wenn nicht? Ja gut. Dann kann es schon mal passieren, dass ich den Schülern im Stoff selbst nur zehn Seiten im Buch voraus bin. Aber so spoilert wenigstens niemand.

Hier sind wir wieder bei der Bedeutung von Allgemeinbildung. Im Laufe der letzten zehn Jahre hat sich für mich herauskristallisiert, dass nicht nur fachspezifische Kenntnisse von großer Nützlichkeit sind, nein, auch breit gefächertes Wissen aus den Bereichen Trivialliteratur, Filme, Serien und Computerspiele ist vonnöten. Kurz gesagt – einigen wird es schon aufgefallen sein – ich bin ein ziemlicher Nerd (Femininum: Nerdin/Nerdesse/Nerdette, suchen Sie sich eins aus). Und das ist zu meiner pädagogischen Superkraft geworden.

Zu meinen Fähigkeiten gehört es, passende *Simpsons*-Zitate subtil, beinahe unmerklich, in Unterrichtssituationen einfließen zu lassen (»Ausgezeichnet!«). Meine Analogien zwischen literarischen Erzählperspektiven und Ego-Shootern waren oft hilfreicher als mancher Merksatz. Und zahlreiche stumpfsinnige Stillarbeitsphasen, in denen ich mich immer abgrundtief langweile, habe ich schon mit der simplen Frage »Na, gestern die neue Folge *Game of Thrones* geguckt?« aufgepeppt. Zugegeben, einige dieser Exkurse waren dem Fortkommen im Lehrplan nicht förderlich, aber immerhin langweilt sich der Haufen Pennäler nicht durchgehend von acht bis sechzehn Uhr. Auch das sehe ich als meinen Auftrag. Leider teilen nicht alle meinen Hang zu Fantasyliteratur und Actionhelden.

Mein Humor ist wie meine Kleidung, eher dunkel und etwas staubig. Ich bin beispielsweise oft die Einzige, die sich auch nach Jahren noch über den Kalauer beömmeln kann, Hitler habe großen Wert darauf gelegt, dass bei seiner »Machtergreifung« im Jahre 1933 alles mit rechten Dingen zuging. Ebenso machte mein Hinweis zu Georg Büchners Drama *Dantons Tod* meine zwölfte Klasse nur bedingt neugierig auf das Werk: Ich erwähnte, dass es eigentlich mit »FSK ab 18« gekennzeichnet sein müsste und das nur deshalb nicht so sei, weil kein Mensch wirklich verstehe, was da drin stünde. Allerdings war die Schulleiterbesuchsstunde, in der mein Chef meine Tauglichkeit als Beamtin auf Lebenszeit prüfen sollte, diesbezüglich ein Highlight.

Noch vor Erscheinen der Realsatire *Fack ju Göhte* – die zwar grandios und realitätsgetreu schulischen Alltag widerspiegelt, der ich es aber zu verdanken habe, dass im Abi jemand »Göhtes Faust« interpretierte – kam ich auf die glorreiche Idee, Auszüge aus dem besagten Büchner-Werk von 1834 in Jugendsprech übertragen zu lassen. Ich pokerte hoch, wusste aber, dass sich einige Schüler im Raum befanden, die dazu intellektuell in der Lage waren. Und die niemals ein Blatt vor den Mund nehmen würden. Diese Eigenschaft schätzte ich sehr an ihnen, zumal sich mein Chef ja im gleichen Raum befinden würde, um mich und mein Tun zu beurteilen. Die Tatsache, dass er selbst kein Deutsch unterrichtete und vermutlich noch nie einen Blick in Georg Büchners grandioses Drama geworfen hatte, spielte hierbei nur eine untergeordnete Rolle. Also keine.

Doch die leibhaftige Anwesenheit des Schulleiters, um dessen Existenz sich bei vielen Schülern unserer Schule ein Nessie-artiger Mythos rankt, hatte einen unerwarteten Effekt: Die meisten gebärdeten sich auf einmal, als hätte man ihnen nicht nur den Ton abgedreht, sondern vampirhaft alles Leben aus ihnen herausgesaugt.

Nur auf Basti war wie immer Verlass. Er übersetzte mit poetischer Perfektion und jeder Menge Pathos das Zitat »Du Kuppelpelz, du runzlige Sublimatpille, du wurmstichiger Sündenapfel!« aus *Dantons Tod* mit den Worten: »Du Puffmutter, du alte, faltige Tripper-Falle, du abgerockte Dörrpflaume!«

Schwer zu sagen, welches Gefühl in mir mehr Platz einnahm. Stolz? Angst? Glück? Panik?

Ich vermied jeglichen Augenkontakt zum Oberzampano und tat das einzig Richtige: Ich belohnte Basti mit donnerndem Applaus.

Plötzlich zuckte es in der letzten Reihe. Der Chef war aufgewacht. Im Nachhinein ist es vielleicht ganz gut, dass er diese Sternstunde der deutschen Literatur verschlafen hatte. Er registrierte das wachsende Interesse der Schüler am Stoff und schenkte mir (trotzdem oder deshalb?) die Gnade der lebenslangen Beamtenwürde.

Bei besagter zwölfter Klasse hat dieser Moment tatsächlich dazu geführt, ein paar Leute mehr dazu zu bewegen, einen Blick ins Buch zu werfen. Auch wenn ich zusätzlich noch bemerken musste, es sei brutaler und blutiger als manches Ballerspiel. Was stimmt! Verstehen tut's trotzdem keiner.

Manchmal machen mir meine Vergleiche fast selbst Angst. Zum Beispiel die Kater-Krieg-Analogie (Sie lesen richtig!), die ich vor einigen Jahren im Geschichtsunterricht gezogen habe. Damit kann sich jeder normale Siebzehnjährige identifizieren: Man hat ordentlich Party gemacht, gezecht, sich zugelötet und wacht am nächsten Tag mit einem Kater von solch einer Allmacht auf, dass die natürliche und unausweichliche Reaktion der übrig gebliebenen Hirnzellen nur sein kann: NIE WIEDER! Ich rühre nie wieder einen Tropfen an! Ich schwöre es im Namen aller mir bekannten und unbekannten Götter! Nie wieder! Ich bleibe für den Rest meines Lebens abstinent! Nur noch Wasser ... vielleicht mal 'ne Limo, nur für den Geschmack! Wenn ich je wieder Alkoholhaltiges anrühre, soll mich der Blitz erschlagen und in meine einzelnen Atome spalten!

Oder so ähnlich. Sie wissen, was ich meine. Meine Schüler auch.

Dieser Gedanke hält ein paar Stunden bis Tage, bei einem extrem widerlichen Exemplar von Kater vielleicht sogar Wochen. Doch mit an Sicherheit grenzender Wahrscheinlichkeit befindet man sich irgendwann wieder auf einer Party. Die Stimmung ist gut, die Getränke sind kalt und man denkt sich: Hm ... was soll's. So schlimm wird's schon nicht werden. Ich bin ja kein hirnverbrannter Volltrottel! Und obwohl irgendwo im Hinterstübchen ein kleiner Teil intakter, rebellierender Hirnzellen mit einem blinkenden und tutenden Warnlicht Panik-Polka tanzt, nimmt der Volltrottel mit Schulterzucken einen erneuten Schluck. Ins vorprogrammierte Verderben.

So, meine Kinder, funktioniert Geschichte! So entstehen Diktaturen, und so beginnen Kriege. Wobei die Welt wahrscheinlich eine bessere wäre, hätte sich Hitler öfter mal zünftig vollgeballert. Denkt trotzdem, bevor ihr Scheiße baut, darüber nach, ob sich der Bockmist vom letzten Mal wiederholen soll, ihr runzligen Sublimatpillen!

LIFEHACK
(Pain: Designed to Piss You Off)

Lifehack, das hieß früher noch »Trick 17«. Egal. Aufpassen! Jetzt lernen Sie was.

Um unterhaltsam durchs Leben zu kommen, sollte man öfter genau das Gegenteil von dem tun, was einem geraten wird. Am besten von klein auf. Aber Obacht! Eltern haben eine ultimative rhetorische Allzweckwaffe entwickelt, die es in solchen Situationen zu überwinden gilt: die parentale apodiktische Behauptung. Eine Behauptung von schlagender Beweiskraft, die jedwede Art von Widerspruch im Keim erstickt oder vielmehr abfackelt und die übrig gebliebene Widerspruchsasche in alle Winde zerstreut.

Beispiel.

Mutter: »Wenn ich dich noch einmal beim Rauchen erwische, setzt's was!«

Vierzehnjähriges, rebellisches Teenie-Ich: »Aber Papa raucht doch auch!«

Mutter: »DAS IST WAS ANDERES!«

Es setzte übrigens nie etwas, außer dass sich mein Vater mal zu uns setzte, um 'ne Kippe zu schnorren.

Verstehen Sie, was ich meine? Nein?

Hach ... na gut. Zweites Beispiel.

Mutter: »Nein, du brichst die Schule nicht nach der Zehnten ab!«

Sechzehnjähriges, trotziges Kein-Bock-mehr-Ich: »Du sagst doch immer, Frauen sollten nicht arbeiten und sich lieber um die Familie kümmern. Dann muss ich doch gar nicht studieren!«
Mutter: »Ja, aber (Sie ahnen, was folgt) DAS IST WAS ANDERES!«

So weit klar? Gut. Dem muss man etwas entgegenhalten. In letzterem Fall hat mich weniger die überlegene Rhetorik meiner Mutter überzeugt, sondern die Tatsache, dass meine Motivation mit Einzug der Pubertät zeitweilig ausgezogen war. Ich habe quasi aus Faulheit und mangels greifbarer Alternativen Abi gemacht.

Was ich allerdings lange verdrängt habe, ist: Fast wäre ich damals schon dem beruflichen Schulwesen zum Opfer gefallen. In der zehnten Klasse kursierte nämlich das Gerücht, am dreijährigen beruflichen Gymnasium sei das Abitur viel einfacher zu schaffen. Das gelobte Land für faule und weniger begabte Schwererziehbare sozusagen. Bei gleichem Lohn und für weniger Arbeit! Ohne Latein! Ein Traum.

Also tingelte mein sechzehnjähriges, trotziges Kein-Bock-mehr-Ich zu jeder erdenklichen Informationsveranstaltung der beruflichen Gymnasien im Umkreis. Das waren eine ganze Menge. Das Ergebnis war dennoch niederschmetternd. Technisches Gymnasium, Wirtschaftsgymnasium, sozialwissenschaftliches Gymnasium, agrarwissenschaftliches Gymnasium (von uns liebevoll »Bauern-Gymnasium« genannt, und *ja*, in Baden-Württemberg gibt es für jeden Scheiß ein eigenes Gymnasium!) – alle verlangten einen Notendurchschnitt, von dem ich in der zehnten Klasse nicht einmal zu träumen wagte.

Wieder wurde ich trotzig: Was soll's, bleib ich halt, wo ich bin! Wenn die mich nicht haben wollen ... sind ja eh alles keine richtigen Gymnasien. Die mit ihrem beruflich-spezifischen Pseudo-Abi!

Endlich hatte ich es in die zwölfte Klasse geschafft (Latein abwählen, YES!). Nun riet mir mein Religionslehrer, ein seltenes Exemplar, den ich, trotz seines Faches, sehr schätzte, vehement davon ab, dasselbe zu werden wie er. Also – natürlich nicht Religionslehrerin, wo denken Sie hin. Lehrerin eben.

Er meinte es gut. Er hatte vermutlich einen besseren Draht zu seinen Schülern als zu Gott und wusste damals schon, dass gerade mir das Beamtenkorsett vielleicht irgendwann zu eng werden könnte. (Nein, ich bin nicht fett! Üben Sie sich in Metaphorik!) Trotzdem dachte ich auch da: Jetzt erst recht!

»Du rauchst zu viel!« – Jetzt erst recht!
»Du feierst zu viel!« – Jetzt erst recht!
»Du zockst zu viel!« – Jetzt erst recht!
»Du denkst zu viel!« – Jetzt erst recht!

So wird man Lehrerin – oder eine crackrauchende Nutte. Probieren Sie's aus und lassen Sie sich überraschen.

Mich hat mein Trotz schließlich dahin gebracht, wo ich heute bin. Wo ich schon nach der Zehnten hinwollte (und dann doch nicht): ans berufliche Gymnasium. Gut, jetzt nicht absichtlich – aber ich kann Ihnen sagen, ganz so easy, wie die es uns damals verkaufen wollten, ist es nicht. Im Gegenteil! Es ist »Gymnasium mit Extras« statt »Gymnasium light«. Wenn unsere Schüler das Abi bekommen, haben sie nicht nur die langweilige Allgemeine Hochschulreife, sondern eine mit Gimmick! Bei uns ist das: Wirtschaft. Woanders was Sinnvolles. Und ganz schön schwer, sagen zumindest die Noten meiner Schüler. Und oft auch sie selbst.

So. Ich muss mich jetzt auf den jährlichen Informationsabend vorbereiten, der bald ansteht. Die Zehner kommen. Denen erzähle ich dann wieder, wie toll es bei uns ist und wie einfach man hier das Abi bekommt. Wir brauchen schließlich steigende Schülerzahlen!

FESTIVALGUIDE
(Helloween: I'm Alive)

»Sag mal, wie machst du das?«

Eine Frage, die ich des Öfteren zu hören bekomme, wenn ich nach zwei, drei Tagen drecksauversifftem Metal-Festival bei zehn Millionen Grad, Bier, kurzen Nächten, gefolgt von noch mehr Bier und natürlich dröhnender Musik, frisch wie Morgentau aus dem Zelt gekrochen komme. Okay, ein klein wenig übertreibe ich. Dennoch scheine ich meist durchhaltefähiger als meine Mitmetaller. Die Antwort ist simpel: Ich durchlaufe regelmäßig eines der härtesten Survival-Bootcamps der Welt: die Klassenfahrt!

Seit ich die Einbahnstraße Beamtenlaufbahn gewählt habe, komme ich in mehr oder weniger kalkulierbaren Abständen in den Genuss, mit zwei bis vier Klassen, also vierzig bis neunzig halberwachsenen Teilzeit-Chaoten, irgendwo hinzutingeln. Noch dazu kann man sich die Begleitpädagogen in der Regel nicht aussuchen, was das Ganze jedes Mal ungemein spannend macht. Und ich sag Ihnen was: Wacken ist Kinderfasching dagegen!

Die Tortur beginnt bereits auf der Hinfahrt. Acht bis sechzehn Stunden in einem mittelklassigen, voll besetzten Doppeldecker-Reisebus, im Hochsommer mit der Hoffnung an Bord, dass alle Reiseteilnehmer wenigstens über rudimentäre Kenntnisse der Körperpflege verfügen. Meist merkt man aber nach zwanzig Kilometern: Tun sie nicht. Zwei Stunden später riecht's im Vehikel, als hätte ein Marderrudel eine Jahresration Onion-Pringles gefressen, während eine Pilgertruppe nach Absolvierung des kompletten Jakobsweges erstmals wieder die Schuhe lüftet und anschließend mit Vanille-Deodorant imprägniert.

Das bringt mich dazu, bei jeder der rar gesäten Pausen in *Mission-Impossible*-Manier als Erste aus dem Bus zu hechten, um meine Nasenschleimhäute in der kurzen Zeit des Atemglücks mit Pall Mall abzutöten. Ein positiver Nebeneffekt ist jedoch, dass verschwitzte Männer und deren Achselhöhlen, denen ich aufgrund meiner geringen Körpergröße oft näher bin, als mir lieb ist, mir bei Konzerten nur ein schwaches Naserümpfen entlocken.

Als Gutmensch neige ich dazu, den olfaktorischen Stresslevel noch weiter zu steigern, indem ich Sanifair-Bons an bedürftige Schüler verschenke. Die investieren sie dann in Dinge, die die Situation nicht besser machen, Stichwort: Energydrinks. Jetzt stinkt's auch noch nach Gummibärchenkotze. Und es führt dazu, dass die Blagen im Zucker-Koffein-Delirium den Rest der Fahrt sämtliche *Bravo-Hits* Nummer 274 386 durchnudeln. Ich bewundere die Textsicherheit derjenigen, die nicht in der Lage sind, »das« und »dass« zu unterscheiden, verfluche den Erfinder der Bluetooth-Boom-Box und bohre die eigenen Kopfhörer metertief in meine Gehörgänge, bis ins Hirn. Hilft aber nur bedingt.

Schlafen kann man auf jeden Fall vergessen. Wird in den nächsten Tagen auch eher selten stattfinden. Denn während sich die Dorfjugend des Nachts auf den gängigen Partymeilen der verlockenden Großstadt herumtreibt, harren die Lehrkräfte in den preislich angepassten Unterbringungen aus und atmen jedes Mal erleichtert auf, wenn ein Schützling wohlbehalten heimkehrt ...

AM ARSCH!

Die Taktik ist folgende: Um rechtzeitig wieder wie die Gargoyles mit drohendem Blick am Hoteleingang zu wachen, haben wir die ausgemachte Heimkehrzeit fest im Blick. Damit wird der oben geschilderte Eindruck des Verantwortungsbewusstseins erweckt. Ist die Tarnung erst mal glaubhaft an den Schüler gebracht, geht's auf die Piste. Man muss sich schließlich wachhalten!

Kreuzt man unverhofft den Weg der Schutzbefohlenen, kann man unterhaltsame Momente erleben. Bei einem Besuch der schönen Stadt Hamburg wurden wir beispielsweise Zeugen intensiver Preisverhandlungen unserer Schüler an der Herbertstraße. Der Preis der Dame? Zwanzig Euronen. Der Blick der Möchtegern-Machos, als sie uns entdeckten? Unbezahlbar!

Zum Glück passierte das nicht andersherum uns, als wir auf einen Tipp unseres Busfahrers hörten und uns in einer Rocker-Bar der Hells Angels wiederfanden. Hoppla! Seit Langem hatte ich mich auf einer Klassenfahrt nicht mehr so wohl gefühlt. Leider zeigten die Gesichter meiner Kollegen, dass ich – nebst Busfahrer – die Einzige war, der es so erging. Lehrer ... langweiliges Pack.

Manchmal, nicht oft, aber manchmal, erweisen sich Schüler als würdig und dürfen am privaten Pädagogenprogramm teilhaben.

Einmal kamen zwei Jungs in den Genuss, mich und den Kollegen A. auf ein Black-Metal-Konzert zu begleiten. Das hat sie nachhaltig beeindruckt. Absurd wurde die Situation bereits am Eingang, wo wir unseren Lehrerausweis (ja, so etwas gibt es!) zücken mussten, weil uns keiner abnahm, dass wir gerade ein Kulturprogramm mit Schülern absolvierten.

Natürlich bergen solche Aktionen immer ein gewisses Risiko. In diesem Fall wurde Kollege A. zu vorgerückter Stunde plötzlich nervös. Als ich ihn fragend anbrüllte, ob ich mal kurz sein Bier halten solle, damit er pissen gehen könne, meinte er: »Wir wechseln wohl mal besser den Platz. Hier is grad nich so gut.« Zeitgleich versuchte er, mir über kryptischen Gesichtsfasching irgendwelche Zeichen zu geben.

Zuerst dachte ich, er sei spontan an Tourette erkrankt, doch dann roch ich es. »O ja, Jungs, wir gehen mal besser nach da drüben, da sieht man auch viel besser!«

Eindeutig. Hier roch's nach Kiff.

Innerlich las ich schon die Schlagzeile im heimatlichen Käseblatt: »Studienräte locken nichtsahnende Schüler in Haschisch-Höhle! Ermittlungen laufen. Über Amtsenthebung und Todesstrafe wird verhandelt!«

Kollege A. und mir blieb nur der Rückzug. Unter Qualen leerten wir unser noch fast volles Bier, um unsere Schützlinge nach draußen zu geleiten. Gerade noch mal gut gegangen.

Auf dem Weg zur S-Bahn zogen die Jungs ein Fazit: »War saucool, aber drinnen hat's doch ziemlich nach Dope gestunken!«

Generell nutzt der deutsche Lehrkörper Studienreisen, um den kulturellen Horizont seiner Zöglinge zu erweitern. Was also immer geht, sind Brauereibesichtigungen. Nachmittags. Mit Gratisverkostung.

Einmal bekam eine namhafte Dresdner Brauerei den Zuschlag. Zugesagt wurde ein 0,2-Liter-Testexemplar pro Person. Kategorie »Völlig unbedenklich«. Eigentlich. Aber der Bier-Erklärbär war dermaßen überzeugt von seinem Gesöff, dass er übermotiviert gerne jedem nachschenkte, der auch nur ansatzweise so aussah, als würde es ihm schmecken.

Derart beschwingt machte sich die Truppe eine Stunde später zur S-Bahn-Station auf. Die Wartezeit nutzte die feuchtfröhliche Bande, um Fahrpläne und -preise des hiesigen Nahverkehrs mit den heimischen zu vergleichen, wie es im Schwabenland seit jeher Brauch ist. »Hier isch's abber viel günschdiger als bei uns!«, stellte eines der Mädchen (durchaus richtig) fest.

Mein Kollege, der seit Verlassen der Brauerei damit beschäftigt gewesen war, so auszusehen, als sei er noch in der Lage, sich verantwortungsvoll um eine Gruppe Achtzehn- und

Neunzehnjähriger zu kümmern, zuckte hoch, hob den Zeigefinger und erklärte in einer dem Ort und der Situation nicht ganz angemessenen Lautstärke: »Wür sünd üm Osten, es darf nüscht gosten!«

Während unsere Schüler über die Olaf-Schubert-reife Vorstellung in schallendes Gelächter ausbrachen, registrierte ich im Augenwinkel, wie die Köpfe der umherstehenden Einheimischen sich ruckartig in unsere Richtung bewegten. Bilder von Zombies, die unsere Witterung aufgenommen hatten, flackerten durch mein Bewusstsein. Zu meiner Erleichterung kam in diesem Moment die S-Bahn, und ich bugsierte alle hinein, bevor uns ein Pulk Walking Sachsen in die Finger bekommen konnte.

Auf Klassenfahrten wird man also zur Genüge abgehärtet gegen allerlei Gerüche, Schlafentzug und Alkoholkonsum. Bleibt noch eine Lektion offen: der Morgen danach.

Hat man sich als Lehrkraft einigermaßen im Griff, ist das Einzige, das einen morgens beutelt, die Tatsache, dass die Nacht kurz war. Verdammt kurz. Wir reden hier von ungefähr zwei bis drei, vielleicht vier Stunden oberflächlichen Schlafs pro Nacht. Wenn's hoch kommt! Meist teile ich diese Stunden noch zwischen den beiden Gehirnhälften auf, damit jeweils nur eine auf Empfang ist. Wenn ich auch nur das kleinste Geräusch auf dem billigen Hotelflur vernehme, reiße ich wutentbrannt die Zimmertür auf. Um festzustellen: Von achtzig Schülern befindet sich keiner, aber wirklich keiner, in dem Zimmer, in das er oder sie eigentlich gehört. Der schäbige Hochflor des Hotelflurs reicht der Jugend vom Lande anscheinend völlig aus, um ein zweites Exemplar der heimischen Dorfdisko zu kreieren.

Rituell schicke ich alle zurück auf ihre Zimmer. Praktischerweise greift das Prinzip der klassischen Konditionierung irgendwann auch beim blödesten der Pubertiere. Nach ein paar

Übungsdurchgängen reicht ein Öffnen der Tür, Todesblick in den Flur – und alle trotten von dannen. Brav.

Dann kuschele ich mich zufrieden ins Bett, bereit, den Segen des Schlafs zu empfangen, blicke noch einmal kurz auf den Wecker und stelle fest: Nacht gelaufen.

Von Schlaf kann man nur träumen. Als ich einmal unerklärlicherweise in den Genuss kam, sechs Stunden am Stück zu pennen, hatte ich so viel Power, als hätte ich mir intravenös eine Wagenladung Dextro Energy verabreicht. Kommt aber eher selten vor.

Eines Morgens saßen wir in Dresden in unserem wirklich günstigen Hostel beim Frühstück, als ich trotz meiner Augenringe einen jungen Mann bemerkte, der sich suchend im Raum umsah, uns Lehrkräfte fixierte und sich unserem Tisch näherte. Mir schwante Böses. Ich stieß Kollege A. an, den man eigentlich vor neun Uhr nicht ansprechen durfte, wenn man am Leben hing, und machte ihn auf den anrückenden Feind aufmerksam. Dieser erreichte soeben unseren Tisch.

»Sind *Sie* die Lehrer?« Skeptischer Blick in meine Richtung.

»Das kommt drauf an!« Ich hatte vor, mit einem Sparwitz erst mal die Situation aufzulockern.

Half nicht. »Ich bin Mitarbeiter der Stadtwerke Dresden. Würden Sie mich bitte mit nach draußen begleiten!«

Uns fiel sofort auf: Das war keine nette Bitte. Fragende Blicke. Selbst der eher schlafwandelnde als wache Kollege A. wurde plötzlich aktiv. Sollten unsere Schüler nachts etwa Dresdens Trinkwasser verseucht und wirklich eine Zombieapokalypse ausgelöst haben? Wir folgten dem Mann in den Innenhof. Die Spannung wuchs ins Unermessliche … und nach wenigen Minuten offenbarte sich ein Szenario, für das es keine beschönigenden Worte geben kann.

Im Hof stand, im strahlenden Schein der morgendlichen und bereits sehr heißen Julisonne, ein VW Polo. Auf seiner Seite war noch undeutlich das Logo der Stadtwerke Dresden zu erkennen. Bei genauem Hinsehen erkannte man auch silbernen Metallic-Lack. Der Rest des Wagens war in einen gigantischen Kotzfleck gehüllt, als hätte Christo beschlossen, von Stoff auf Erbrochenes umzusteigen.

Fassungslos standen wir da, starrten abwechselnd auf das Kotzekunstwerk und nach oben. Derlei Mundmalerei ließ sich physikalisch ja nur dadurch erklären, dass ein Mädchen aus einem Zimmer im dritten Stock ordentlich Stücke aus dem Fenster gebrüllt haben musste.

Der inzwischen leicht ungeduldige Stadtwerke-Mensch erklärte uns, er werde von rechtlichen Konsequenzen absehen, wenn sich die Schuldige dazu bereit erkläre, die mordsmäßige Sauerei innerhalb der nächsten dreißig Minuten zu beseitigen. Damit verließ er die Szenerie.

Gerade rechtzeitig, bevor Kollege A. und ich ob des Anblicks des vollgereiherten Kleinwagens die Beherrschung verloren und auch brüllten.

Vor Lachen!

Hier griff die umgekehrte Version des Survivaltrainings Klassenfahrt: Wer regelmäßig Metal-Festivals besucht, ist den Anblick von Erbrochenem in all seinen Farben und Formen (und Schlimmerem, auf das ich hier nicht näher eingehen möchte) gewohnt. Dennoch mussten wir handeln. Als wir uns einigermaßen eingekriegt hatten, verschaffte mir ein Blick auf die Zimmerliste erste Erleichterung: niemand aus meiner eigenen Klasse!

Die Künstlerin aus der Parallelklasse war schnell ausgemacht und wurde mit Eimer und Schwamm ausgestattet. Damit war sie im Grunde bereits genug bestraft. Denn was nun folgte, ist in Bildern schwer zu beschreiben.

Es war beinahe zehn Uhr. Das Auto hatte bereits einige Zeit in der heißen Sommersonne gestanden, samt neuem Anstrich. Und so roch es auch.

Wir wurden Zeugen, wie ein achtzehnjähriges Mädchen in Hotpants mit Schwamm und Eimer ein Auto wusch. Wäre das zu Entfernende nicht das gewesen, was es war, wir hätten Eintritt verlangen können. So sahen es auch die Stufenkameraden. Mittlerweile hatten sich knapp achtzig schaulustige Zwölftklässler an den Fenstern versammelt und überschütteten die Gebrochene mit Häme, Spott, aber auch hilfreichen Zurufen wie »Da aufm Dach ist noch 'n Stück!« oder »Vergiss die Lüftungsschlitze nicht!«.

Das Härteste war allerdings, das ganze Spektakel beaufsichtigen zu müssen, ohne erneut vor Lachen wegzubrechen. Also wechselten wir uns im Fünf-Minuten-Takt ab.

Im Anschluss traf die Künstlerin zudem noch eine pädagogische Maßnahme. Gemäß unserem Klassenfahrt-Wahlspruch »Wer kotzt, verliert!« musste sie die Bühne verlassen und wurde nach Hause entsandt. Regeln sind schließlich Regeln.

Die Schüler, denen der Segen zuteilwird, mich ihre Klassenlehrerin nennen zu dürfen, sind bei Klassenfahrten morgens übrigens meist die fittesten.

Sie erhalten von mir die wichtigste Festival-Survival-Lektion überhaupt: »Kinder, egal, was ihr macht – was auf Klassenfahrt passiert, bleibt auf Klassenfahrt. Aber nur solange es keiner mitbekommt! Und wenn ihr auch sonst nix von mir lernt, dann doch das eine: vorm Schlafengehen immer 'n Liter Wasser trinken!«

Bitte. Danke!

POLITISCHES FEUCHTGEBIET
(FINNTROLL: URSVAMP)

Klasse zwölf, Geschichtsklausur steht an. Thema: Deutschland nach 1945.

Thomas hopst frohlockend ins Klassenzimmer. Optimismus ist ihm ins flaumbedeckte Gesicht gemeißelt. »Ich hab voll gelernt, Frau Blofeld! Das wird legendär!«

Ich lächle. Und denke: Aha. Legendär.

Weiß ich doch, dass Thomas sich zwar nach Kräften, aber oft vergebens um Geschichte bemüht. Beim Verfassen der Arbeit bricht er sich förmlich einen ab: Während er sich vor Konzentration fast die Zunge abbeißt, zerbröckelt sein Stift.

Nach sechzig Minuten: Abgabe. »Ich hab voll das gute Gefühl, Frau Blofeld, echt jetzt!«

Ich lächle wieder. Und denke: Aha. Echt jetzt.

Doch ich bin unvoreingenommen! Eine lehrergewordene Justitia. Wer bin ich, nicht an meine Schüler zu glauben? Vielleicht ist Thomas das erste Pferd, das ich kotzen sehe. Wäre doch schick …

… hach ja. Wussten Sie, dass die USA und Großbritannien 1947 in Deutschland die »Bio-Zone« gegründet haben? Komisch, das scheint bei den deutschen Landwirten immer noch nicht angekommen zu sein. Vielleicht sollten die Thomas mal um Rat fragen. Das wird legendär! Echt jetzt!

VANESSA
(METALLICA: DYERS EVE)

Elternabende: Jeder kennt sie, jeder hasst sie.

Außer mir. Noch beim letzten Mal verabschiedete sich ein treuer Fan, äh, Vater mit den Worten: »Ciao, war lustig wie immer!«

Ich weiß nicht genau, was Kollegen an solchen Abenden hinter verschlossenen Türen abziehen, aber die Eltern sehen hinterher manchmal so aus, als sei ein Eingriff in ihre Gehirnsubstanz vorgenommen worden. Oder beide Seiten spucken Gift und Galle, bis es den Anschein hat, als treffe sich der Sodbrand-Selbsthilfe e. V. zum jährlichen »Bullrich versus Rennie«-Wettbewerb.

Vielleicht habe ich bisher auch nur Glück gehabt – zehn Jahre am Stück. Das wird's sein.

Gut, wenn ich die Wahl hätte zwischen einem Abend bis zweiundzwanzig Uhr in unserem wunderschönen Lehretablissement und einem *Game-of-Thrones*-Marathon, würde ich mich immer für Letzteres entscheiden. Wer nicht? Dennoch halte ich die Eltern nicht für die typischen Antagonisten des Lehrers, von Kampfhelikopter-Piloten einmal abgesehen.

Bereits in meinem ersten Jahr stellte sich heraus, dass das größte Problem vieler Elterntiere weniger die Lehrerin, sondern vielmehr der Nachwuchs zu sein schien. Vor allem, wenn der nicht so akkurat geraten war, wie man das vor seiner Geburt vertraglich geregelt hatte.

Plötzlich fand ich mich bei jedem Elternabend, Elternsprechtag, Elterngespräch oder Elternweißdergeierwas in der Rolle der

Jugendstrafverteidigerin wieder. Ich machte einen Satz *back in time* in meine eigene Kindheit – und zu meiner Mutter.

Schnitt. Bild wird blassgrau. Zeitsprung.

Mutti wäre es am liebsten gewesen, ich hätte Maschinenbau studiert. Ich brach regelmäßig in Gelächter aus, wenn sie mir diesen Vorschlag machte. Das war häufig der Fall. Die Frequenz erhöhte sich auf ein wirklich nervtötendes Maß, je näher mein Abi rückte.

»Mamaa, ich bin verdammt schlecht in Mathe! Und in Physik. Und allem anderen, was nur im Entferntesten mit Zahlen zu tun hat!«, versuchte ich mich zu verteidigen.

Hätte meine Mutter öfter einen Elternsprechtag besucht, hätte sie das gewusst. Zu meinem Glück hatte sie damit in der Mittelstufe aufgehört, weil sie zu dem Ergebnis gekommen war, dort werde ohnehin jedes Mal der gleiche Unfug erzählt.

»Das macht doch nichts, dein Bruder hat's doch auch hinbekommen!« Nett ist sie ja.

»Ja, Mama, der ist auch brillant in Physik und so … ist wichtig bei 'nem technischen Beruf, weißte!«

Wusste sie nicht. Mutter neigte dazu, derlei Einwände zu ignorieren. In Erziehungsfragen verfuhr sie nach einem ausgeklügelten System: Dinge, die ihr unliebsam erschienen, akzeptierte sie nicht, sie existierten schlicht und ergreifend nicht. Zumindest in ihrem Universum.

Im Jahre 1999 quittierte sie meinen Hinweis, ich würde aufgrund einiger (mir bis heute unbegreiflicher) Missverständnisse, die sich in der zehnten Klasse zwischen meinen Lehrern für Mathematik und Latein und mir ergeben hatten, eventuell sitzen bleiben, mit den Worten: »Tust du nicht!«

Tat ich auch nicht.

Ich staunte nicht schlecht und sah meine Mutter kurzfristig mit anderen Augen. Sollte ihre Taktik wirklich funktionieren?

Für alle, die jetzt Hoffnungen hegen: nope! Meine Versetzung wurde damals von meiner Französischlehrerin gerettet, die mich mit einer Gnaden-Zwei durchwuppte. Und beim Blick auf meinen Körper stelle ich täglich fest, dass meine Tätowierungen auch nicht verpufft sind – obwohl Mutter einiges darangesetzt hat, diese zu ignorieren. Nix Superkraft.

Viele Eltern, so auch meine, haben die erschütternde Angewohnheit, nicht nur Geschwisterkinder von Anfang an untereinander zu vergleichen, sondern auch ausgewählte Klassenkameraden als Vergleichsgrößen heranzuziehen, damit der eigene Nachwuchs sich so miserabel wie möglich fühlt. Hierfür bot ich meiner Mutter genügend Angriffsfläche.

Eines Tages kam ich – eine kleine, etwas pummelige Version der Wednesday Addams – freudestrahlend nach Hause und verkündete am Mittagstisch eine großartige Botschaft. 3,5 in der Mathearbeit!

Da dieses Weltwunder sich danach nicht wiederholte und mir Noten mit dem heftigen Auftritt meiner Pubertät herzlich egal wurden, muss sich der Vorfall in der sechsten oder siebten Klasse zugetragen haben. Ungefähr. Ich weiß aber noch genau, wie mir das Lachen aus dem bleichen Gesicht geflext wurde, und zwar mit den Worten: »Was hat denn die Vanessa?«

Noch heute wird mir anders, wenn ich diesen Namen höre: Vanessa.

Nicht weil ich sie nicht mochte, sie war okay. Wir waren trotz oder vielleicht wegen unserer Unterschiedlichkeit gut befreundet. Vanessa konnte nichts dafür. Aber Vanessa verkörperte alles, was ich nicht war. Und mehr! Rosa, Jazzdance, *Beverly Hills 90210* und gute Noten, natürlich. Hätte sich die Gelegenheit geboten und wäre es keinem aufgefallen – meine Mutter hätte mich, ohne mit der Wimper zu zucken, gegen Vanessa ausgetauscht, da bin ich mir sicher.

Selbst später, während des Studiums, das trotz meines Versuchs, Rückschläge in mütterlicher Manier zu ignorieren, etwas länger dauerte als vorgesehen, rief mich Mutti oft an, fragte nach meinem Wohlbefinden und sagte dann mitten im Satz, völlig ohne Zusammenhang: »Du, die Vanessa, die studiert übrigens auch Lehrer (sic!). Die ist aber wohl schon in der Schule!«

Daran muss ich jedes Mal denken, wenn ich Erzeuger vor mir sitzen habe, die Unmögliches von ihren Sprösslingen erwarten. Also sehr, sehr, sehr oft.

»Ihre große Schwester war immer gut in Deutsch! Sie studiert jetzt, wissen Sie! Das soll Sandra später auch.«
»Ah ja. Heißt Sandras Schwester zufällig Vanessa?«
»Ja, woher wissen Sie – ?«
»Aaaarrrgh!«

Beliebte Hits in der Eltern-Compilation sind auch die Dauerbrenner »Er war aber in der letzten Klausur doch einiges unter dem Durchschnitt!« und »*Ich* habe mich in seinem Alter immer so für Geschichte interessiert!«. Kommen nie aus den Top Ten.

Und ich sitze da. Denke an meine Mutter, meine brillanten großen Brüder und an Vanessa.

Dann tun sie mir leid, die frechen Bratzen, die im Unterricht oft ihr Möglichstes geben, um den Bilderrahmen zu füllen, den ihre Eltern schon für sie zu Hause angedübelt haben. Manchmal ist die eigene Brut vielleicht etwas aus der Art geschlagen. Manchmal bleibt sie das auch. Und wenn eltern- und vanessageplagte Kinder ganz viel Glück haben, bekommen sie so ein missratenes Exemplar vielleicht als Lehrerin!

VORBILD
(Five Finger Death Punch: Jekyll and Hyde)

Lehrer fungieren immer als Vorbild. Das gilt sowohl für ihr Verhalten als auch für ihre äußerliche Erscheinung.

Höhö. Huch ... aua. FUCK!

Entschuldigen Sie, mir ist eben vor Lachen die Kippe aus dem Mund gefallen. Ich hab mir ein Loch in meine Jeans gebrannt. Und dreckig ist sie nun auch. Aber das macht nichts. Da ich vorhin versehentlich mein Bier verschüttet habe, muss sie ohnehin in die Wäsche.

Wo waren wir? Ach ja: Ich halte mich für ein gutes Vorbild. Punkt. Beispielsweise achte ich peinlichst darauf, dass mich kein Schüler beim Quarzen erwischt. Wissen Sie, was dann los wäre? Nicht auszudenken! Richtig, alle würden ständig angeschissen kommen und Kippen von mir schnorren. Bin ich denn die Wohlfahrt?

Falls es sich doch mal ergibt und ich mich beim Suchten in Schülergesellschaft befinde, ergeben sich von Zeit zu Zeit nette Gespräche, die ohne die kneipenhafte Atmosphäre, die der Glimmstängel suggeriert, in dieser Art wahrscheinlich nie stattfinden würden. Man macht sich gleich. Die Herrscherin begibt sich zum Pöbel, um einer gemeinsamen Unsitte zu frönen.

Nee, Tacheles jetzt.

Die meisten aus meiner Zunft schließen sich in den Pausen ins hermetisch abgeriegelte Lehrerkabuff ein und mimen zwanzig Minuten lang einen Leichnam – nur um nicht mit der Materie in Kontakt zu kommen, ohne die sie ihren gut bezahlten Job nicht hätten! Über so was kann ich mich aufregen. Verzeihung.

Manch einer sollte das mal ausprobieren. Also: reden, nicht rauchen. Das ist in der Tat widerlich. Aber jeder Lehrkörper braucht sein Laster. Auch damit die jungen Menschen nicht vergessen, dass man trotz aller Diversität zur selben Gattung gehört und Lehrer im Grunde doch nur ein Beruf ist, der die Bio-Vollkornbrötchen auf den Tisch bringt.

Ich bin keine Heilige, bei Weitem nicht. Irgendwie beschleicht mich das Gefühl, das hätten Sie schon bemerkt … Außer meiner Nikotinsucht und dem gelegentlichen Konsum isotonischer Sportgetränke auf Hopfenbasis (am Wochenende, nur am Wochenende! Hallo? Was Sie schon wieder denken!) habe ich noch ein, zwei weitere Special Effects, die man bei einem designierten Vorbild eher nicht erwarten würde.

Vor allem in der sogenannten unterrichtsfreien Zeit (bloß nicht »Ferien« in der Gegenwart eines Lehrers sagen, wenn Sie nicht öffentlich gesteinigt werden wollen) leide ich zum Beispiel an einer besonders schweren Form von Prokrastination. Ja, wirklich! Endstadium! Wie mir bereits von mehreren Fachkundigen bestätigt wurde.

Es ist schlimm. Ich bekomme es hin, in sechs Wochen Sommerferien (steinigt mich!) nichts hinzubekommen. Ich schiebe alles dermaßen vor mir her, dass der Vorgang seinesgleichen sucht.

Alles? Nee, mehr als alles!

Manchmal habe ich das Gefühl, der Stapel an Arbeit pflanzt sich des Nachts auf meinem Schreibtisch fort. Nur damit ich am nächsten Tag feststellen muss, dass ich in noch weniger Zeit noch mehr erledigen muss.

Innere Monologe führe ich in solchen Phasen zuhauf. Dabei reguliert sich die Lautstärke proportional zur verstrichenen Zeit nach oben, bis sie die tonalen Ausmaße eines Motörhead-Konzerts annimmt, auf dem du den Arschplatz direkt neben den Boxen erwischt hast. Das Muster ist wie folgt:

Ich: »Du Penner! Du solltest endlich mal was tun. Gammelst schon seit Wochen auf der Couch rum wie 'n Pfund Gehacktes. Das ist doch kein Leben! Du setzt schon Schimmel am Steiß an. Auf jetzt!«

Ich zwei: »Jajajaa, hetz mich nicht, ich hab schließlich Urlaub. Außerdem wollte ich gerade aufstehen und ... boah, die neue Staffel *Stranger Things* ist online ...!«

Diese leicht schizoide Gesprächssituation wiederholt sich in regelmäßigen Abständen, wobei Serien hier selbstverständlich durch Filme oder Bücher ersetzt werden können. Letztere verschlinge ich in den Ferien (!) stapelweise. Ich verspüre dann den Drang, die Löcher in meinem Hirn zu veröden, die Schulstoff und stumpfsinnige Schülerantworten hineingeballert haben.

Aber ich muss mich korrigieren. Dass ich gar nichts hinbekomme, stimmt so nicht.

Einige Tage vor Ferienende breche ich in Panik aus und schaffe in sensationell kurzer Zeit das, wofür andere Wochen gebraucht hätten. Ich muss zwischendurch nur ab und an in eine Papiertüte hyperventilieren und vernichte mehrere Liter Kaffee am Tag. Vielleicht rührt daher auch das Herzrasen. Teufelskreis. Klappt aber immer!

Jetzt kommt sicher gleich irgendein Popanz daher und fragt, warum ich mich überhaupt fünf Wochen lang vom schlechten Gewissen martern lasse, wenn ich sicher sein kann, dass ich alles dann doch in vergleichsweise kurzer Zeit wuppe. Zu Recht. Frag ich mich auch immer. Muss ja nicht sein. Weiß gar nicht, woher das kommt. Solange ich meine Arbeit zur Zufriedenheit aller erledige, kann ich doch rumschimmeln, solange und bei welcher hirnbefreiten Tätigkeit ich will, verdammte Axt! Bisher hat sich auch noch keiner beschwert. (Vielleicht traut sich auch keiner.)

Mit diesen befreienden Gedanken schnappe ich mir mein Buch und mach's mir mit Kaffee und Kippchen auf dem Terrassensofa gemütlich.

Da winkt der Nachbar über die Hecke, lächelnd, und seine Miene sagt: Ach kuck, da hockt die faule Lehrersau mit ihren sechs Wochen Sommerferien und tut wieder nichts!

DRESSED IN PINK
(Saxon: Princess of the Night)

Niemals mit Schülern wetten. Niemals!
Nicht! NEIN! ... Zu spät.

Meine erste Wette war simpel, entpuppte sich jedoch für meine Schüler als unüberwindbare Herausforderung. Deshalb führe ich sie in all meinen Klassen fort: Sollte es bei einer Deutschklausur vorkommen, dass alle, ausnahmslos alle, das in Interpretationsaufsätzen inflationär gebrauchte Wort »widerspiegeln« korrekt verschriftlichen, gibt's zum Abschluss 'n Kasten Bier. Nach mittlerweile acht Jahren spiele ich mit dem Gedanken, den Wetteinsatz zu erhöhen, denn ich bin mir sicher, dass dieser Fall bis zu meiner Rente nicht eintreten wird.

Eine andere Wette habe ich eher unbeabsichtigt abgeschlossen. Es war an einem Tag im April, als die schriftlichen Abiturprüfungen im Fach Deutsch liefen. Auch wenn Sie das vielleicht nicht von mir erwarten – ich leide stets mit meinen Schülern und bin vor den Prüfungen nicht minder aufgeregt als sie. Ich kann es nur nicht so zeigen. Aber innerlich eskaliere ich turnusgemäß.

Leider konnte ich im besagten Jahr meine Energie nicht gänzlich ins Mitfiebern investieren, sondern brauchte sie für eine elfte Klasse, deren Klassenlehrerin ich seit Schuljahresbeginn war. Da die Schüler mich in Deutsch und Geschichte hatten und mich fünf Schulstunden pro Woche ertragen mussten, kannten wir uns bereits recht gut. Besser, als mir lieb war, wie sich zeigen sollte.

Nach wenigen Minuten witterten sie meine Unentspanntheit und erkundigten sich nach meinem Befinden. Nun ja, sie fragten, um sich nicht eingehender mit Emilia Galottis Komplexen auseinandersetzen zu müssen. Trotzdem – nett. Also ging ich darauf ein. »Leute, es ist Abi! Wenn da irgendein Scheiß drankommt, den ich so nicht unterrichtet hab, sind die dran!« (Und ich auch.)

»Passiert so was denn?«, wollte Lisa wissen.

»Na klar! Wer weiß denn schon, was sich die Spaßmichel in Stuttgart bei der Auswahl der Prüfungsaufgaben denken!«

Nicht sonderlich viel, nach meiner Erfahrung. Gut, das war der Motivation für die kommenden Jahre vielleicht wenig zuträglich, aber für meine erschreckende Ehrlichkeit bin ich ja bekannt. Um die Stimmung zu heben, ergänzte ich schnell: »Aber ihr seid gut, ihr packt das. Mein Ernst!«

Damit wollte ich das Thema auf sich beruhen lassen. Aber wo man schon mal bei Small Talk war, fragte der Nächste: »Hatte bei Ihnen schon mal jemand 'ne glatte Eins im Abi?«

Bis dato war ich noch nicht lange im Geschäft, sodass ich die Frage leider verneinen musste. Was wiederum meine Stimmung drückte. Und da ich ohnehin in Zynismus verfiel, bemerkte ich noch: »Wenn das einer von euch in irgendeinem Fach schaffen sollte, komme ich an eurem Abiball im pinken Kleid!«

»DEAL!«, erschallte es einstimmig aus sechsundzwanzig Hälsen.

Dieses Pack!

Da ich öfter Humbug rede, hatte ich die Episode alsbald wieder vergessen.

Die aber nicht.

Drei Jahre vergingen wie im Flug. Besagte Klasse, mit der ich einige Höhen und Tiefen, legendäre Klassenfahrten und noch mehr Unterrichtsquatsch hinter mich gebracht hatte, fieberte den anstehenden Abiprüfungen entgegen. Man besprach gerade die Organisation des ritualisierten Abschlussfirlefanzes, als ich den Raum betrat. Plötzlich schallte Jonas aus der hintersten Ecke des Klassenzimmers: »Na, Frau Blofeld? Schon ein pinkes Kleid organisiert?«

Heiliger Stuhl!

»So'n Dreck könnt ihr euch merken?« Eine eloquentere Antwort hatte ich gerade nicht parat. Im Kopf ging ich reflexartig die Noten sämtlicher Schüler durch. Konnte eng werden ...

Die Prüfungswoche rückte immer näher, und ich erwischte mich dabei, wie ich in Hohlstunden heimlich auf Zalando surfte. Beim ersten Blick auf pinkfarbene Polyester-Puffkollektionen wusste ich: Damit ist mein Ruf im Arsch! Mit keiner Totenkopftätowierung der Welt krieg ich das wieder geradegerückt.

Schließlich war es so weit. April. Die letzten Wochen meines Lehrerinnendaseins, bevor ich das letzte bisschen Selbstachtung ganz offiziell abgeben würde. Nach jeder Prüfung lauerte ich vor den Klassenräumen und scannte mit Kennermiene meine Schüler, um anhand von Gestik oder Mimik den Verlauf der Examina abschätzen zu können. Lächeln? Tränen? Siegerpose? Nervenzusammenbruch?

Jonas verließ den Raum und nickte mir unheilvoll zu.

Ich ging shoppen.

Am Tag der Notenbekanntgabe stand mir der Schweiß auf der Stirn. Als ich im Sekretariat zitternd die Liste aus meinem Postfach fischte, weigerten meine Augen sich kurz, die Wahrheit an mein Hirn weiterzuleiten, denn ich sah: Alle bestanden!

Allerdings keiner mit einer glatten Eins. Nirgendwo. Nicht mal in Reli. Und schon gar nicht in Deutsch.

Ein nie zuvor verspürtes Glücksgefühl durchströmte mich. Nur wenige Augenblicke später kam jedoch eine weitere kleine, hinterfotzige Emotion hinzu. Enttäuschung. Irgendwie schade. Ich hätt's ihnen gegönnt …

Immerhin hatte ich es in nur drei Jahren geschafft, aus den Mädels und Jungs eine ziemlich coole Truppe zu machen. Es hatte gewissermaßen ein Angleichungsprozess zwischen mir und meinen Schülern stattgefunden. Im Nachhinein konnte ich diesen Effekt bei allen Klassen feststellen, die ich als Klassenlehrerin beglückt hatte. Kollege A. brachte es auf den Punkt: »Weißt du, deine Klassen sind saumäßig nett und superlustig. Aber am Ende wirklich nicht die Hellsten.«

Trotzdem, nein: Deshalb hätte ich mich liebend gern für sie zum Horst der Nation gemacht. Sie hatten es verdient.

Immer noch stand ich mit der Notenliste in den zitternden Händen im Sekretariat. Und kicherte, ohne es zu merken, wie eine Irre vor Erleichterung. Die Sekretärin schaute mich bereits komisch an. Zu wundern schien sie sich aber nicht sonderlich.

Als ich den Kinderlein die bittersüße Botschaft mitteilte, nahmen sie es locker auf. *Zu* locker. Ich wollte gerade den Raum verlassen, als Jonas bemerkte: »Die mündlichen Prüfungen kommen ja noch!«

Was? MOOMENT!

Da behaupte noch einmal jemand, die seien mir nicht über.

Leider musste ich am Ende doch nicht im pinken Puffkleid auf den Abiball. Als ich Jonas feierlich sein Zeugnis überreichte, sagte der mit einem fetten Grinsen im Gesicht: »Ich hätt's eigentlich geschafft, aber ich hab nicht gewusst, dass man in Physik einen Taschenrechner benutzen darf.«

Die Hellsten waren sie wirklich nicht. Aber saumäßig nett und superlustig!

BULLSHIT-BUTTON
(RAGE: ENOUGH IS ENOUGH)

Was für Wetten mit Schülern gilt, gilt in noch höherem Maße für Wetten mit Kollegen. Tun. Sie. Es. Nicht! Es wird in Tränen enden!

Aber am Ende ist es ja immer so: Die Letzte, die auf meine Ratschläge hört, bin ich selbst.

Fakt ist, ich habe noch keinen Lehrer getroffen, der nicht irgendwo einen imaginären Bullshit-Button besitzt, den er im Geiste betätigt, wenn ein Zögling mit seiner Antwort tief in die Kloake greift. Üblicherweise fallen Reaktionen von Lehrenden auf inkorrekte Antworten pädagogisch eher gemäßigt aus. So hat man es gelernt, man möchte seine Schüler ja schließlich nicht verschrecken, gar demotivieren …

BULLSHIT!

Ich brauche genau drei Monate, dann wissen meine Klassen, dass sie von mir auch ein verbales Kantholz gegen die Omme gekloppt kriegen, wenn es in meinen Augen gerechtfertigt ist.

Aus »Schade, Jule, das war jetzt nicht ganz richtig!« werden mit der Zeit etwas deutlichere Rückmeldungen. Sie ermöglichen es den Schülern, ihren aktuellen Wissensstand kritisch zu reflektieren und ihren Horizont zu erweitern.

»Dafür sollte ich dich mit einem Brockhaus durchs Schulhaus jagen!«

»Wie besoffen warst du, als du das geschrieben hast?«

»Würde es eine Steigerung des Wortes ›falsch‹ geben, müsste im Duden ein Bild von deiner Klausur danebenstehen!«

Motivation kann ich.

Das ist deutliches Feedback, mit dem man etwas anfangen kann. Würde ich meinen Schülern immer nur Honig ums Maul schmieren, läsen sich manche Aufsätze nach drei Jahren immer noch wie Grundschulpoesie. Damit bin ich auch nicht allein.

Kollegin G. hatte ihren Wunsch nach einem Bullshit-Button in ihrer Verzweiflung wohl einmal zu oft geäußert. Wie neidisch war ich, als sie zum Abschied von ihrer Klasse tatsächlich einen geschenkt bekam! Andächtig standen wir im Lehrerzimmer um das rote runde Plastikteilchen herum und bewunderten es.

Kollegin G. gebührte natürlich der erste Test. Sie drückte gefühlvoll den Knopf. Wir hielten den Atem an.

Im nächsten Moment erschallte ein infernalisches Sirenengeheul, unterbrochen von einer tiefen, roboterhaften Stimme, die immer wieder »THAT'S BULLSHIT! ABSOLUTELY BULLSHIT!« krakeelte.

Es war so wunderschön, dass ich vor Rührung feuchte Augen bekam. Ich sah in die Gesichter meiner Kolleginnen und erblickte ein teuflisches Leuchten darin. In diesem Augenblick entwickelte sich in meinem Kopf ein Szenario. Damit Sie mir folgen können, müssen wir hier einen kleinen gedanklichen Abstecher machen.

Unterricht ist mein Tagesgeschäft. Deshalb mache ich diesen Job. Das liebe ich. Alles andere – nicht. Zu »allem anderen« gehören nicht nur Korrekturen und organisatorischer Papierkrieg, sondern auch und vor allem Konferenzen. Es gibt viele Konferenzen. Oft. Sehr oft.

Da sich in einer beruflichen Schule mehrere Schulformen unter einem Dach zusammenkuscheln, zum Beispiel das dreijährige berufliche Gymnasium, die klassische Berufsschule, das Berufskolleg und die zweijährige Berufsfachschule, muss jede Abteilung natürlich separat konferieren. Also verbringt man jährlich kostbare Lebenszeit in gefühlt drölfzig Noten-, Klassen- oder Abteilungskonferenzen. Mein persönliches Highlight ist die große Zusammenkunft. Drei- bis viermal im Schuljahr rührt der große Boss die Buschtrommel und ruft zur gefürchteten »Gesamtlehrerkonferenz«. Dieses Ritual dauert knappe drei Stunden, die sich anfühlen wie drei Wochen.

Dabei mache ich Folgendes: Ich existiere.

Während sich viele der knapp achtzig anwesenden Kollegen gebärden wie die Schüler, die sie wenige Minuten zuvor noch zusammengeschissen haben, sitze ich meine Zeit ab, eskaliere innerlich und kucke grantig. Und da ich Sie gerne mitnehmen möchte auf meine emotionale Achterbahnfahrt, folgt hier mein Minutenprotokoll der letzten Gesamtlehrerkonferenz (trifft auch auf alle anderen zu – die laufen immer gleich ab).

Freitagnachmittag, 13.15 Uhr: Ich betrete den Konferenzraum. Voll. Ohrenbetäubendes Gebrabbel. Ich bin angepisst. Kollege C. hat mir dankenswerterweise einen Platz hinten freigehalten. Ich parke meine Tasche, quasi das Handtuch des deutschen Lehrkörpers, und gehe eine rauchen.

13.25 Uhr: Das Geräusch, das achtzig Pädagogen machen, wenn sie gleichzeitig über unwichtige Dinge reden, hat bei meiner Rückkehr die Lautstärke eines Ariane-Triebwerks angenommen. Ich lege meine Jacke ab und gehe aufs Klo.

13.32 Uhr: Der Chef bimmelt mit einer kleinen Glocke, die signalisieren soll, dass man nun endlich mit dem Firlefanz anfangen muss, wenn man noch zu einer halbwegs adäquaten Zeit hier raus sein möchte. Wegen des Ariane-Triebwerks hört ihn aber keiner. Sieht lustig aus, wie er da vorne vor sich hin wedelt. Ich muss lachen.

13.35 Uhr: Da die Anwesenden sich über die komischen Verrenkungen des Chefs wundern, wird es langsam ruhig.

13.36 Uhr, **TOP 1:** Der Chef begrüßt alle anwesenden Kollegen.

13.37 Uhr: Der designierte Zeitwächter meldet sich zu Wort. Wir seien bereits sieben Minuten hinter dem Ablaufplan. Man solle endlich hinne machen.

13.38 Uhr: Das Kollegium diskutiert über die Relevanz des Zeitwächteramtes.

14.30 Uhr, **TOP 2:** Die Subchefs informieren über Neuigkeiten aus den jeweiligen Abteilungen. Da in einer Schule im Grunde jedes Jahr dasselbe passiert, erzählen sie eigentlich immer, na ja, dasselbe. Außerdem war ich schon in allen relevanten Abteilungskonferenzen, also: Was zum Geier soll der Kokolores?

15.00 Uhr, **TOP 3:** Irgendwelche Verschlimmbesserungen des Regierungspräsidiums werden offenbart. Alle regen sich auf. Zum Zeitvertreib und um meine Ohren zu schonen, gehe ich aufs Klo.

15.25 Uhr, **TOP 4:** Personelles. Eine Liste der bald in Elternzeit gehenden oder bald aus der Elternzeit zurückkehrenden Kolleginnen wird verlesen. Ich schreibe meinem Mann, dass es später wird.

16.00 Uhr, **TOP 5:** Wegen der vielen Veränderungen im Kollegium muss der Stundenplan zeitnah über den Haufen geschmissen werden. Keiner wundert sich. Trotzdem regen sich alle auf. Ich überlege, mir unauffällig meine Kopfhörer in die Ohren zu stopfen, aber ein Mitnicken zu Metallicas *Kill 'Em All* könnte versehentlich als Zustimmung zu irgendeinem Humbug fehlinterpretiert werden. Lasse ich also lieber bleiben. Stattdessen gehe ich aufs Klo.

16.15 Uhr, **TOP 6:** Der Personalrat brüstet sich damit, dass er es auch diesmal geschafft hat, die Schulleitung aus der Fassung zu bringen. Obwohl das dem Kollegium gefallen müsste, regen sich aus Prinzip trotzdem alle über irgendwas auf. Ich möchte aufs Klo, aber so kurz vor Schluss kommt das blöd.

17.15 Uhr: Der Zeitwächter eskaliert. Der Chef wünscht allen ein schönes Wochenende. Noch bevor er seinen letzten Satz beendet hat, ist der Konferenzraum leer. Woran erinnert mich das doch gleich? Komm ich jetzt nicht drauf.

18.00 Uhr: Ich bin zu Hause, öffne ein Bier und bestelle Pizza. Zu mehr bin ich heute nicht mehr in der Lage.

Jetzt werden Sie das diabolische Grinsen meiner Kolleginnen verstehen, als wir dastanden und auf einen roten Knopf herabblickten. Es war klar, was passieren würde. Sie kannten mich einfach zu gut, um die folgende Frage nicht loszulassen.

»Wetten, du traust dich nicht, in der nächsten Konferenz da draufzuhauen?«

Ob ich das gemacht habe? Na, was glauben Sie wohl? Ich verrate nur so viel: Es endete tatsächlich in Tränen.

LEHRERGESICHT
(Mötley Crüe: Looks That Kill)

»Ach, sie macht wieder ihr Lehrergesicht!«

Was? Wieder? Und überhaupt, welches Lehrergesicht? Überaus merkwürdig war auch, dass ich mich gerade gar nicht in der Schule befand, sondern Sommerferien hatte und auf einem Festival seit einigen Stunden versuchte, meinen Partypegel zu halten – ein Alkohollevel, das sich auf dem schmalen Grat zwischen »lustig« und »Abschuss« bewegt. Beim Erlernen dessen ist mir in meiner Jugend der ein oder andere Fauxpas untergekommen. Tatsächlich musste ich fast dreißig Jahre alt werden, bis ich ein für mich praktikables Alkoholkonzept erstellt hatte. Das ist so simpel wie genial: eins pro Stunde! Meine Kumpels lachen immer: »Aha, die kuckt wieder auf die Uhr. Na? Schon Zeit, hm?«

Jaja, total Panne. Aber *ich* lache spätestens dann, wenn der Erste von denen nachmittags ausgeknockt in der Ecke rumreihert und die Band verpasst, die er doch unbedingt sehen wollte. Wenn ich mich an mein Konzept halte, kann eigentlich nichts schiefgehen. Eigentlich. Bis irgendwann einer mit den Kurzen ankommt. Das war aber an besagtem Tag (noch) nicht der Fall.

Anlass meines angeblichen Lehrergesichts war die Anwesenheit der sechzehnjährigen Tochter einer Freundin. Nun musste ich mich auch noch in meiner Freizeit mit so was herumärgern: maximal pubertär, minimal motiviert. Das triggerte sofort meine Pädagogeninstinkte. Ich war andauernd versucht, das Balg aufzumuntern und es zum Mithelfen zu überreden. Beim Zeltaufbau, beim Aufräumen, beim Saufen ... nichts fruchtete.

Mein Weltbild geriet ein klein wenig ins Wanken. Aber das konnte auch daran liegen, dass bereits einige Stunden, also Biere, vergangen waren. Als ich kurz davor war, die Göre mit *Faust*, der fetten Sonderausgabe (*Teil I* und *II*), über den Camp Ground zu jagen, bewegte sie sich.

Schwarze Magie?

So ähnlich! Wirkung zeigte mein, mir bis dahin selbst nicht bewusstes, Lehrergesicht. Da ich eher selten mit einem Spiegel in den Unterricht gehe, also noch nie Zeugin meiner eigenen Gesichtsakrobatik geworden bin, muss ich Aussagen meiner Freunde und Schüler zur Beschreibung heranziehen.

Lehrergesicht, das; angestrengtes, fixierendes Stirnrunzeln. Eine Mischung, als würde Superman versuchen, einen Planeten mittels Strahlenblick zu spalten, und ein Priester, die Dämonen eines besessenen Kindes zu exorzieren.

Das erklärt einiges. Tatsächlich ist meine Geheimwaffe gegen marodierende Schülerhorden das Schweigen. Einige aus meiner Zunft gebärden sich im Unterricht wie eine Bande Brüllaffen auf Koks, knallen Türen oder zerhacken mit Atlanten die Tische. Das führt auf Schülerseite bekanntlich nur zu einer Reaktion, und die lautet: »Challenge accepted.« Ich hingegen habe den Pfad der Schweigenden für mich entdeckt.

Dachte ich zumindest. Viel wirksamer ist augenscheinlich die Kombination mit meinem Lehrergesicht. Sie wird seit besagtem Festival bewusst eingesetzt, upgegradet und ist in verschiedenen Levels verfügbar.

Level 1: Durchdringender Blick, sarkastisch-fragend, linke Augenbraue dezent neckisch nach oben gezogen. Lippen etwas zusammengepresst. Mundwinkel zuckt herablassend.

Wirkung: Oha, Alte scheint sauer zu sein, nimmt es aber noch mit Humor. Dennoch – Obacht!

Level 2: Starrer Blick, schon etwas wütend, beide Augenbrauen finster nach unten gerichtet. Lippen und Zähne aufeinandergepresst, im Stil der sauren Zitrone.

Wirkung: Scheiße, ich glaub, die meint's ernst. Jetzt vielleicht mal die Füße stillhalten, bis die Wogen geglättet sind.

Level 3: Fixierender, durchdringender Blick, ausgesprochen gereizt funkelnde Augen, Brauen mephistophelisch-vertikal ausgerichtet. Mund mit Batteriesäure gefüllt, Biss auf die Backen, um gegebenenfalls Blut spucken zu können, Zähneknirschen lässt Tische vibrieren, Arme verschränkt.

Wirkung: Alarmstufe Rot! Alte tickt gleich aus! Alle Köpfe einziehen, am besten das Atmen einstellen!

Level 4: Endgame. Augenbrauen und Mundwinkel nicht mehr erkennbar. Fratze des Satans. Augen verbrennen alles, was sich traut, Blickkontakt aufzunehmen.

Wirkung: Ragnarök. Beten hilft nicht mehr. Nur tage- bis wochenlanges devotes Knien.

Level 4 ist leider noch nie erprobt worden. Mal das nächste Festival abwarten. Vielleicht gibt es aber auch keine lebenden Individuen mehr, die davon berichten könnten. Wer weiß …

HUMOR
(Eisbrecher: Verrückt)

»So wie du ausschaust, gehst du doch bestimmt zum Lachen in den Keller!«

Diese Aussage kann ich nicht gänzlich verneinen. Da sich im Keller das Heimkino und der Billardtisch befinden, lache ich dort sogar öfter.

Okay – das ist jetzt ein bisschen dekadent. So mag ich das.

Tatsächlich gelte ich zuweilen als etwas humorlos. Das täuscht. Ich sehe nur so aus. Diesen Hinweis gebe ich regelmäßig meinen Schülern, seit ich gehört habe, manche dächten, ich sei fies. Ich bin nicht (immer) fies. Ich kucke fies. Unterschied! Also eigentlich nicht fies, eher konzentriert. Leicht zu verwechseln. Das hat besonders bei Präsentationen schon zu dem ein oder anderen Missverständnis geführt. Schüler halten während ihres Vortrags abrupt inne und glotzen mich an wie Rehe im Scheinwerferlicht. Sie denken, ich blicke so finster, weil sie eben den größten Stumpfsinn des Jahrzehnts verzapft haben. Gut, das kommt öfter vor. Aber deswegen kucke ich nicht so.

Haben Sie schon einmal versucht, jemandem zwanzig Minuten am Stück konzentriert zuzuhören, sich beiläufig Notizen zu machen und gleichzeitig eine Powerpoint-Präsentation Korrektur zu lesen? Mit möglichst neutraler bis wohlwollender Miene, bei zum Teil breitestem Dialekt oder Stotter-Stakkato der Vortragenden? Vom Inhalt des Gestotterten ganz zu schweigen. Da kuckt man nach kurzer Zeit zwangsläufig fies.

Ich will meinen Schülern in der Regel nichts Böses. Deshalb versuche ich zuweilen, meine Gesichtszüge im Zaum zu halten und im Rahmen meiner Möglichkeiten »nett« zu schauen. Nach einigen Augenblicken stelle ich dann fest: Vor lauter Nett-Kucken habe ich vergessen zuzuhören. Das mag bei einem Referat noch halb so schlimm sein. Aber eine mündliche Abiturprüfung ist eine andere Hausnummer. Da sitzt man den ganzen Tag unter Anspannung und mit dem Anspruch, dem Prüfling, der um acht Uhr morgens dran ist, genauso gerecht zu werden wie dem, den es um sechzehn Uhr erwischt. Zu oft geht's da wirklich um Kopf und Kragen. Trotzdem soll ich immer nett kucken. Is klar. Aber was tut man nicht alles für seine Zöglinge! Nach so einem Tag fühle *ich* mich dann wie ein überfahrenes Reh. Und habe Muskelkater im Gesicht.

Manchmal würde ich den Leuten gern entgegenschleudern: »Wenn ich in Ihrer Gegenwart fies kucke und mich nicht andauernd wegen irgendwas beömmel, sind Sie entweder schlicht und ergreifend nicht witzig, oder ich mag Sie nicht. Wahrscheinlich beides!«

Aber ich bin sehr wohl in der Lage, auch außerhalb meines Kellers zu lachen. Vor allem im Klassenzimmer. Ich lache oft, viel, laut, dreckig, lange, über, mit, unter, auf und manchmal auch als Einzige.

Jajaja, jetzt kommen wieder die Moralisten mit hoch erhobenem Zeigefinger: »Man darf nicht über andere lachen! Schon gar nicht über Kollegen und als Lehrer natürlich nie über seine Schüler!«

Und dann komme ich mit hoch erhobenem Mittelfinger und frage: »Ja, über wen denn dann, hm? Sonst ist da nämlich keiner. Außer den Hausmeistern. Und über die lacht man wirklich nicht!«

Was würden Sie denn machen, wenn sich in der Politikklausur einer meldet und fragt: »Frau Blofeld! Was heißt 'n BRD?«

Heulen? Stimmt, ist eigentlich auch zum Heulen.

Aber ich kann Ihnen sagen, davon wird's nicht besser. Nur nass – und auf Dauer dehydriert man. Wäre doch unpraktisch, so mitten auf Arbeit zu verdorren. Also habe ich mich dem Zynismus und dem Galgenhumor ergeben und lebe bis dato gut damit.

Meine Schüler übrigens auch.

Habe ich Spaß, haben die Spaß. Haben die Spaß, lernen die was. Lernen die was, habe ich wieder Spaß. Sie sehen: Das ist eine runde Sache. Und witzig, wenn man fünf gerade sein lässt. Ich habe Dyskalkulie (kein Scherz!), also geht das.

Damit dieses humoristische Konzept aber drei Jahre lang greift, bedarf es einer akribischen Vorbereitung. Drei Jahre sind die Zeit, die Schüler an einer beruflichen Schule in der Regel abzusitzen haben. Wobei spezielle Kandidaten wie der mit der BRD-Frage ihren Aufenthalt auf vier bis maximal fünf Jahre verlängern können.

Ich beginne das Humor-Coaching völlig lehrplankonform mit einer ausführlichen Behandlung des Stilmittels Ironie. Man braucht es für das Verständnis von Literatur. Noch wichtiger ist mir jedoch, dass die Schüler zunächst die Type verstehen, die ihnen Literatur nahezubringen gedenkt.

Jetzt kommt die eine gefährliche Stelle. Jeder kennt mindestens einen Sheldon Cooper, für den man dauerhaft mit einem zwanzig Meter breiten, grell leuchtenden »Ironie!«-Schild durch die Gegend rennen müsste, damit er die Doppeldeutigkeit deiner Aussagen versteht.

Ob das nervt? Nein, gar nicht!

Stellen Sie sich vor: In einer Gruppe von fünfundzwanzig Menschenwesen befinden sich im Schnitt drei bis fünf völlig ironiebefreite kleine Cooperartige, nur leider ohne Sheldons intellektuelle Fähigkeiten. So große Schilder kann ich, bei aller Liebe, nicht mitschleppen. Um meine Kommunikationsgewohnheiten dennoch beibehalten zu können, ist es aber von größter Wichtigkeit, genau diese drei bis fünf Dachlatten mit ins verbale Boot zu holen – sonst saufen sie rhetorisch bald ab.

Das ist kein leichtes Unterfangen.

Verständnis von Ironie setzt stets voraus, dass Sender und Empfänger über ähnliches Grundwissen verfügen, sonst greift das rhetorische Mittel nicht und es entsteht ein Riss in der Kommunikation. Mit anderen Worten: Wenn du nicht verstehst, wovon zum Henker ich gerade rede, bist du unterbelichtet wie zehn Meter Feldweg.

Geht mein Plan jedoch auf und schaffe ich es, das geistige Dickicht der ehemals Ironiefreien zu erhellen, eröffnen sich unbegrenzte Unterrichtsmöglichkeiten. Das ganze wunderbare Feld der Satire liegt vor uns. Ich muss nur zugreifen. Als Lehrerin für Geschichte, Politik und Deutsch kann ich Ihnen sagen: Mein lieber Scholli, da geht einiges! Kurt Tucholsky, Erich Kästner, Poetry-Slam, *heute-show* … Aber ohne die Fähigkeit zur Ironie: keine Chance. Charlie Chaplins *Der Große Diktator*, Timur Vermes' *Er ist wieder da*, die Frage, ob man über alte und neue Nazis lachen darf (darf man) – aber ohne Ironie? Funktioniert nicht.

Wenn Ihnen der Feldweg jetzt zu staubig wird, drehen Sie halt wieder um. Es zwingt Sie keiner.

Späßchen! Geht gleich wieder.

Natürlich ist es wichtig, auf dem demokratischen Fundament der Gleichberechtigung die vorhandenen humoristischen Grundlagen der Schüler zu fördern und zu fordern. Oft kommt hier aber der pädagogische Auftrag, schleicht sich an und grätscht fies von hinten rein.

Der berühmt-berüchtigte pädagogische Auftrag! Klingt schon so fürchterlich gewichtig. Ist er auch, also fürchterlich. Ich stelle mir den gern als real existierende Person vor, die immer dann hereinplatzt, wenn ich mit meinen Schülern auf fragwürdigem

Niveau herumulke. Er ist quasi der fleischgewordene allegorische Spaßverderber.

Ich sehe im Geiste die Tür aufgehen. Ein untersetzter, glatzköpfiger Kerl in braunem Cordcape kommt hereingestolpert und schreit mit alberner Fistelstimme: »Was ist das hier? Spaß? Unfug? Schabernack? Gelächter? Schluss damit! Ich bin Pädago-Man – der Verteidiger des pädagogischen Auftrags! Im Namen der spaßbefreiten Staatsdienerschaft und der bürokratischen Langeweile setze ich diesem Treiben ein Ende!«

Was für eine Witzfigur. Hören Sie nicht auf den! (Und ja, ich hatte kurz überlegt, ihn »Pädo-Man« zu nennen, aber das wäre doch etwas zu viel Niveaulimbo. Selbst für mich.)

Ignoriert man Pädo… Pädago-Man, sodass die Heranwachsenden einen gewissen humoristischen Freiraum haben, bieten sich großartige Gelegenheiten für Gelächter. Wenn man den eigenen Anspruch flexibel gestaltet.

Einmal wollte ich in einer Berufsschulklasse eine verbale Schlägerei zwischen Dennis und Fabian schlichten, bevor sie sich zu einer physischen auswuchs (was vorkommt). Dennis beendete eine Schimpftirade gegen seinen Kontrahenten soeben routiniert mit den Worten: »Fick dich, Alter!«

Konnte ich so jetzt nicht stehen lassen. Ich ging zu ihm hin, baute meine vollen 1,60 Meter Körperkleine vor ihm auf. (Was nur ging, weil er saß. Wenn er stand, war er 1,90 Meter hoch und beinahe ebenso breit.) Ich stierte ihn vernichtend bis entnervt an: »Das geht netter.«

Er sah mich an, stutzte kurz, sagte leise: »Oh sorry!«, drehte sich zu Fabian um und korrigierte sich: »Befriedigen Sie sich bitte selbst!«

Okay, das kam unerwartet. Ich überlegte einen Wimpernschlag lang, ob das
a) der Deeskalation förderlich,
b) netter,

c) kreativ oder
d) einfach nur völlig bekloppt war.

Dann lachte ich. Laut. Genau mein Humor! Der pädagogische Rest musste warten.

Letzterer erledigte sich übrigens von selbst. Erst stimmte Fabian in mein Gelächter ein, dann Ex-Erzfeind Dennis und schließlich der ganze Haufen. Endstand der Auseinandersetzung »Humor gegen pädagogischen Auftrag«: 1:0!

Irgendwie stimmt das aber auch wieder nicht. Immerhin blieben an dem Tag alle Nasen heil. Sagen wir also, es stand unentschieden. Trotzdem meinte ich, nach der Stunde einen Cordumhang vorbeihuschen zu sehen ...

Ach was. Befriedigen Sie sich bitte selbst, Pädo-Man!

DER SCHWARM
(Fear Factory: Replica)

Seit sich herumgesprochen hat, dass ich mich für den Lehrerberuf entschieden habe, sind sämtliche Familienfeiern eine Tortur.

Okay, waren sie schon immer, aber nun sind sie richtig garstig. Da ist zunächst Mutti, die (mangels Interesse oder Motivation, sich Dinge zu merken) überall herumerzählt, ich würde Englisch unterrichten. Bis heute bin ich zudem daran gescheitert, ihr das hiesige Schulsystem zu erklären. Zu ihrer Verteidigung: Sie dürfte nicht die Einzige sein, der das so geht. Allerdings haben alle drei ihrer Kinder das System mehr oder weniger erfolgreich durchlaufen, was zumindest auf ein Teilverständnis schließen lassen könnte.

Dann gibt es meine großen Brüder. Die waren schon immer der Meinung, ich hätte »was Richtiges« studieren sollen, also Jura oder Ingenieurwesen. Ende. Nicht zu vergessen der jedes Mal aufs Neue angeführte, aber scheinbar nie langweilig werdende Hinweis, dass ich selbst keine wirklich gute Schülerin gewesen sei.

Ganz schlimm sind die Cousins und Cousinen (von denen gibt's eine Menge), die sich selbst schon das ein oder andere schulpflichtige Kind angeschafft haben. Im Gegensatz zu meiner Mutter sind sie überzeugt davon, alles über das hiesige Schulsystem zu wissen. Besonders kennen sie sich damit aus, wie gut oder schlecht die Lehrer ihrer Kinder ihre Arbeit verrichten. Schließlich waren sie früher selbst mal Schüler. Stimmt! Ich war auch schon öfter beim Arzt. Deshalb erkläre ich auch jedem Chirurgen, den ich treffe, was er bei der letzten Herztransplantation verkackt hat.

So nutzt mich meine liebe Verwandtschaft gerne stellvertretend dafür, ordentlich Dampf aus dem Kessel zu lassen.

Über die Jahre habe ich den Eindruck gewonnen, dass Eltern die deutsche Lehrerschaft überhaupt für eine Art Schwarmintelligenz halten. Sie glauben anscheinend, dass alles, was sie mir sagen, sofort in einem zentralen Superhirn gespeichert wird. Auf das jedes Glied des Lehrkörpers uneingeschränkt Zugriff hat.

Prophylaktisch befeuere ich für meine lehrerunkundige Familie gerne das Klischee vom überarbeiteten Pädagogen. Das hat mir bereits einige unnötige Zusammenkünfte erspart: »Hallo, Mama. ... Sonntag zum Essen? Ouuu, das ist ganz schlecht. Ich hab da noch 'nen Stapel Oberstufenaufsätze, der dringend bis Montag korrigiert werden muss. ... Freitag? Du, da ist bei uns Konferenz bis spät. Vielleicht schau ich in den Ferien mal vorbei, ja?«

Da keiner von ihnen wirklich weiß, was es mit den ominösen Oberstufenaufsätzen auf sich hat, keiner sich ein Bild davon machen kann, wie lange so eine Konferenz dauert, und alle ohnehin glauben, Lehrer zu sein sei keine echte Arbeit, könnte ich eigentlich auch sagen: »Boah, ich muss übers Wochenende noch dreißig Aufsätze zum Thema ›Wie umgehe ich unangenehme Familienfeiern‹ korrigieren und danach ganz dringend mit meinen Kumpels Bier trinken gehen. Sorry!«

Je nach Jahreszeit sind beide Varianten nicht einmal völlig an den Haaren herbeigezogen.

Aber an Muttis Geburtstag zieht auch der höchste Aufsatzstapel der Welt nicht als Ausrede. Ferien. Mist.

Beim letzten Familienbrimborium erwischte es mich wieder, volle Breitseite. Der Mann von Cousine Anita beklagte sich bitterlich:

Nach den schriftlichen Abiturprüfungen, die sein Töchterchen kürzlich »selbstverständlich erfolgreich« (wie sonst!) abgelegt habe, finde kein vernünftiger Unterricht mehr statt. Skandal! Wie das denn sein könne? Er erwarte eine Erklärung!

Eigentlich hatte *ich* eine Erklärung nötig, weil sich das Töchterchen auf einer anderen Schule in einer ganz anderen Stadt befand. Musste mir aber schon zu Beginn der Tirade derbe das Lachen verkneifen. Nicht nur, weil er zu einhundert Prozent als bestes Horst-Schlämmer-Double der Welt durchgehen würde, sondern auch, weil ich bereits das ein oder andere Gläschen Chardonnay intus hatte. Nüchtern erträgt das doch keiner. Nach seinem Sermon brauchte ich deshalb einen Moment, um festzustellen: Alle am Tisch starrten mich an.

War was?

Anscheinend warteten sie auf meine Antwort und dachten, ich würde mich gerade mit dem Zentralhirn verbinden, um die Problematik mit dem Rest des Schwarms zu erörtern. Dabei war ich in Gedanken nur dabei, die Essensreste in Horst Schlämmers Schnauzer zu analysieren.

Als ich mein Hirn wieder hochgefahren hatte, ging ich alle möglichen Optionen durch. Jetzt eine nicht zufriedenstellende Antwort zu wählen, würde eine endlose Diskussion über die Dysfunktionalität des deutschen Schulsystems und mangelnde Kompetenz der Berufsbeamten zur Folge haben. Das musste unbedingt vermieden werden.

Was stand also zur Wahl?

Option 1 – die ehrliche Antwort: »Ja, glaubst du denn, ich hab das zu meiner eigenen Schulzeit anders gemacht, du Honk? Denkst du, ich reiß mir den Arsch auf und bereite irgendwas vor, wenn nach den Prüfungen eh keiner mehr aufschlägt? Da kuck ich kurz ins Klassenzimmer, und wenn da nur vier oder fünf Flitzpiepen blöd rumhocken, weil die keine Hobbys haben, dann mach ich denen 'n Film rein oder schick die heim, und fertig ist die Laube. Meinst du allen Ernstes, die haben jetzt noch Böcke, sich irgendeinen Stuss anzuhören, wenn die Prüfungen rum sind? In welcher Welt lebst du? Das sind junge Leute, die sind dreizehn Jahre lang blöd in der Schule rumgeschimmelt, und manche lernen richtig viel für so 'ne Prüfung, hab ich mir sagen lassen! Und wenn sie doch kommen, machen die Lehrer ja eh nur 'n blöden Film rein oder schicken sie wieder heim, weil nicht genug da sind. Da können sie ja gleich wegbleiben und sich volllaufen lassen.«

Ein Dilemma! Sie sind intelligent, Sie erkennen das.

Zum Glück hat jahrelanges Rollenspiel-Adventure-Gaming mein Gespür für derartige Konfliktsituationen geschärft. Weise und vom Weißwein beflügelt, wählte ich Option 2: »Ja, das's schlimm. Geht so eigendlich gaanich. Bei mir isdasanders!«

Ich blickte in die Runde: anerkennendes Kopfnicken.

Gut. Kampf erfolgreich umgangen.

Das Schlimmste auf Familienfeiern ist aber »Onkel« Helmut, seines Zeichens noch nicht einmal richtiger Onkel. Er hat über die letzten Jahrzehnte eine Art familiäre Amtsanmaßung betrieben, aufgrund langer Freundschaft zu meinem Vater, dessen viel zu früher Tod ihn leider nicht daran gehindert hat, weiterhin zu jeder Familienfeier zu erscheinen. Helmut war selbst Lehrer. *War.* Er unterrichtete ebenfalls an einer Berufsschule, was ihn sichtlich gezeichnet hat. Darum ist er auch frühzeitig wegen Berufsuntauglich- oder Berufsunfähigkeit, was auch immer, aus dem Schuldienst ausgeschieden.

Nach einigen Gläsern fühlt er sich immer dazu berufen, mir in pseudoväterlicher Manier, den Arm seltsam onkelhaft auf die Schulter gelegt und in weinerlichem Unterton, Tipps zu geben. Um mir sein Schicksal zu ersparen. Im Ergebnis sind diese Ratschläge meist genauso nervig und nutzlos wie gut gemeint. So auch bei einem der vergangenen Mutter-Geburtstags-Besäufnisse.

»Kind! Hör mir zu!«

»Ich bin sechsunddreißig, Onkel Helmut!«

»Kind! Du musst immer ausreichend Sport treiben! Sonst zwingt dich dieser Beruf in die Knie!«

Ah ja. Sport. Das war also des Rätsels Lösung. Die Antwort auf eine erfolgreiche Lehrerlaufbahn: laufen! Oder sollte ich Bänke drücken und Hanteln stemmen, um die aufsässigen Schüler einfach mit muskulösen Oberarmen niederzutackeln, sobald sie mir blöd kamen? Würde ich ohne hartes Training Krämpfe vom Rotstifthalten bekommen?

Da fiel mir ein Kollege ein, der einst vom Krankenwagen abtransportiert werden musste. Er war, ob der richtigen Antwort eines Schülers, vor Freude so aus dem Häuschen geraten, dass er dies überschwänglich an der Tafel festhalten wollte, den Arm hochriss – und sich einen schmerzhaften Muskelfaserriss in der Schulter zuzog. Danach war er mehrere Tage krankgeschrieben.

Hatte Onkel Helmut vielleicht recht?

Ich beschloss, meinem Kollegen Helmuts Rat nahezulegen, schenkte mir noch ein Glas ein und vernetzte mich mit dem Schwarm.

BETRIEBSKLIMA
(Impaled Nazarene: All That You Fear)

Die erste Regel für einen guten Umgang mit Kollegen lautet: Vermeide den Umgang mit Kollegen.

Die zweite Regel lautet: Wenn du mit Kollegen reden musst, dann bitte nur mit der Handvoll cooler Socken, die der aktuelle Schulbetrieb gerade so hergibt.

Die dritte und wahrscheinlich wichtigste Regel lautet: Wenn du *über* Kollegen redest, dann, bei allen vermeintlich existierenden Göttern, nur, wenn sie nicht direkt hinter dir stehen.

Ich trete nicht in Fettnäpfchen. Ich mache Köpper in Fettbottiche! Mit Anlauf. Vom Zehner. Manchmal auch Arschbombe.

Wenn eine Kollegin via allseits beliebter Lästerplattform »Flurfunk« von der Schwangerschaft einer anderen berichtet, ist »Ich dachte, die ist nur fetter geworden« anscheinend nicht die Art von Reaktion, die man von einer weiblichen Person im (gerade eben noch) besten gebärfähigen Alter erwartet. Da in unserer Lehranstalt zuweilen aber mehr Trächtige als turnusgemäß Menstruierende herumlaufen, entlockt mir diese Botschaft meist nur mehr ein zynisches »Super, bald noch mehr Vertretung«. Auf der anderen Seite verbessern solche Situationen die Stimmung schlagartig. Jedenfalls, wenn mehrere Zeugen meiner verbalen Uppercuts in brüllendes Gelächter ausbrechen.

Das Gleichgewicht von Nettigkeit und Ehrlichkeit, das viele aus mir unerfindlichen Gründen mit Unhöflichkeit gleichsetzen, muss dringend gewahrt bleiben. Schneidet mir in der Pause ein Kollege den Weg mit dem oft gespielten Flurklassiker »Du, wo ich dich gerade sehe …« ab, unterbreche ich ihn gerne überschwänglich: »… wird dein Leben gleich ein bisschen schöner!«

Das verwirrt viele dermaßen, dass sie just vergessen, was sie von mir wollten. Und mir bietet sich die Chance für einen Abgang. Sollte die Taktik nicht aufgehen und das Gegenüber noch genug Zeit und Denkvermögen haben, sein Anliegen zu äußern, lohnt es sich, wenn man sich über die Jahre eine elementare Vokabel in Versalienbetonung angeeignet hat: »NEIN!«

Lernt man im Lehrberuf nicht, schnell, öfter, laut und deutlich Nein zu sagen, wird man, vor allem in den ersten Jahren, mit Zusatzaufgaben, Sonderpositionen und anderem schulorganisatorischem Pillepalle kapital zugeschissen. Da ist es nicht verwunderlich, wenn weniger robuste Exemplare nach ein paar Jahren heiß laufen und sich irgendwann selbst entzünden.

Eine weitere Möglichkeit, die mentale Hygiene zu erhalten und Regel Nummer eins zu befolgen, ist, in der Freizeit so wenig wie möglich mit Kollegen oder irgendwelchen Exemplaren der eigenen beruflichen Art zu tun zu haben. Es gibt nämlich ein Naturgesetz, das die Schwerkraft um Längen schlägt: Wenn man mit Lehrern zusammensitzt, redet man über Schule. Oder über Schüler. Oder über Kollegen. Wahrscheinlich alles auf einmal.

Unbegreiflicherweise gibt es reichlich masochistische Pädagogen, die sich innerhalb der eigenen Kaste sogar verpaaren. Das mag ja noch gehen. Aber wie pervers muss man sein, sich mit einem Kollegen aus der eigenen Schule zu liieren?! Ekelhaft!

Ich habe das Glück, in meinem privaten Umfeld nichts und niemanden zu haben, das oder der mit Schule zu tun hat. Nach Schulschluss verlasse ich den Planeten A 13 und begebe mich zurück unter die gewöhnlichen Menschlinge. Das erdet. Auch außerhalb der Pädagogen-Beamten-Biosphäre existiert Leben! Reichlich sogar.

Ich habe mit meinem Gatten diesbezüglich ein Agreement. Sollte mich in der Schule etwas so mächtig anpissen, dass es eine Portion Metal in nicht ganz straßenverkehrsordnungskonformer Lautstärke auf dem Heimweg nicht richten kann, darf ich mich bei ihm einige Minuten auskotzen. Bis ich mich wieder auf geistiges Normalmaß runterreguliert habe. Passiert.

Schlage ich hierbei über die Stränge, übernimmt er das Regulieren mit einem kurzen, aber klar verständlichen: »Jetzt is aber gut mit dem Scheiß!«

Recht hat er.

Aber auch wenn man noch so umsichtig agiert, lassen sich manche Situationen nicht vermeiden, in denen man über das gewöhnliche Maß hinaus in Kontakt mit Kollegen treten muss. Ich sage nur ein Wort: Weihnachtsfeier.

Nicht hingehen geht. Aber nicht immer. Ich bin (Überraschung!) von Weihnachten oder sonstigen Gebräuchen, bei denen Übernatürlich-Mythisches gepriesen wird, nur schwer bis gar nicht zu überzeugen.

Okay, das stimmt so nicht ganz.

Ich hasse das! Von Herzen. Abgrundtief. Die Tiefe des Marianengrabens reicht nicht aus, um zu verbildlichen, wie sehr ich es hasse. Alles daran.

Nie vergessen werde ich mein erstes schulisches Weihnachtshokuspokus als frisch gesalbte Studienrätin. Fernzubleiben war keine Option, wenn man sich eine berufliche Zukunft ausmalen wollte. Sprich: Ohne gute Bewertung der Schulleitung bist du gefickt. Also: Weihnachten. Yeah!

Ich erschien im Rahmen meiner Möglichkeiten adrett gekleidet und versuchte, meine Gedanken keinen Weg in mein Gesicht finden zu lassen. Mit ein paar Bier gelang mir das anfangs ganz passabel. Doch dann kam der Moment, an dem ich alle Toleranz gegenüber dem (Aber-)Glauben fahren ließ: Weihnachtsliedersingen!

Mir entglitten augenblicklich meine mühsam im Zaum gehaltenen Gesichtszüge. Das war's.

Ich hab ja echt keine Hemmungen und bin immer bereit, mich vor allen Schülern der Welt zum Spacken zu machen, solange es einem mir ersichtlichen Bildungszweck dient. Aber ein paar wenige Prinzipien habe ich doch. Und das oberste davon lautet: Ich singe, verdammte Axt, keine Drecksweihnachtslieder! Schon gar nicht zusammen mit achtzig Staatsdienern, von denen über die Hälfte ihrem vielbesungenen Schöpfer schon näher ist, als ihnen lieb sein kann. Da jage ich mir lieber mit Inbrunst einen Rotstift ins Ohr. Oder gehe in die Oper.

Dem Kollegen C., einer der wenigen coolen Socken, die ich eingangs erwähnte, waren meine mimischen Entgleisungen nicht entgangen. War auch nicht schwer, weil die sich irgendwo auf der Skala zwischen dem wahnsinnsgeschwängerten Lachen des Jokers und Edvard Munchs *Der Schrei* bewegten. Langsam beugte er sich zu mir herüber und raunte kaum wahrnehmbar: »Das ist das erste Mal. Sonst machen wir das nicht. Echt jetzt!«

Echt jetzt? Gut. Das machte die Situation zwar kaum besser, aber wenn sie einmal überstanden war, sollte es das gewesen sein. Kollege C. hatte mir sein Wort gegeben. Er würde mich nie anlügen!

Seit diesem Tag wird an unserer Schule zu jedem erdenklichen Anlass gesungen. Bei Geburtstagen, Ausflügen, Jubiläen. Sogar auf Konferenzen werden ab und an Gassenhauer geschmettert, etwa das allseits beliebte *Danke für diesen beschissenen Morgen*.

Seit diesem Tag weiß ich, dass ich Kollegen, egal welche coolen Socken es auch sein mögen, NIE WIEDER etwas glauben werde! Nix für ungut.

Seit diesem Tag weiß ich aber auch: Ich bin nicht die Einzige auf unserem Pädagogenplaneten, die bei Feierlichkeiten Höllenqualen leidet. Wahrscheinlich ist die Singerei auch deshalb vor einiger Zeit auf wenige hohe Feiertage beschränkt worden (oder ich bin einfach nicht mehr zu den Anlässen erschienen, das wohl eher) ... Dennoch stehen Kollege C. und ich bei kollegialen Zusammenkünften sicherheitshalber Seite an Seite, bereit, uns gegenseitig aufopferungsvoll und mit Schmackes einen Rotstift in die Gehörgänge zu bolzen.

KOMFORTZONE
(Judas Priest: Night Crawler)

Ich komme langsam in das Alter, in dem mich jeden Morgen um fünf senile Bettflucht aus den Federn treibt.
 Rede ich mir täglich ein. Aber nicht mal ich selbst kann mich von so einem Unfug überzeugen.
 Ich bin jetzt siebenunddreißig. Quasi noch ein Teenager. Ich brauche meinen Schlaf! Nicht der Schönheit wegen, der Zug ist durch. Aber alles unter acht Stunden gleicht Folter. Ehrlich jetzt: Welcher Idiot steht schon freiwillig so früh auf? Im Grunde ein klarer Fall. Wäre da nicht die eine Sache, die ich noch mehr verabscheue, als mich allmorgendlich aus den Laken zu schälen: das Eindringen meines beruflichen Umfelds in mein privates.
 Da ich es vorwiegend mit menschlichem Arbeitsmaterial zu tun habe, habe ich die Wahl. Ausschlafen und in meiner Freizeit ständig und überall mit Schülern oder (schlimmer) Eltern oder (noch schlimmer) Kollegen kollidieren. Oder eben wochentags um fünf mit den Hunden raus, danach zwei Liter Kaffee. Um sechs mit dem Auto los, vierzig Minuten Mucke hören und hoffen, dass die Straße frei ist, weil: zwei Liter Kaffee. Die Entscheidung in dieser Frage liegt auf der Hand.
 Dank Halbschlaf-Zombie-Ritualen lege ich die Wegstrecke über die provinzielle Landstraße inzwischen mit geistigem Autopiloten zurück. Leider bin ich anscheinend nicht die Einzige, der zu frühes Aufstehen auf die Konzentration schlägt. Des Öfteren sah ich mich ob der Unachtsamkeit anderer Zombie-Berufspendler schon mit

Gevatter Tod Twister spielen. Vorteil des Ganzen: Ich werde meine Tagesration Flüche und Beschimpfungen schon da los.

Spaß!

So viel kann ich im Auto gar nicht fluchen, um mein Tagessoll zu erreichen. Wobei meinem Fahrlehrer bereits vor knapp zwanzig Jahren auffiel, dass das nette kleine Mädchen keines mehr ist, sobald sich die Gesichtsluke auftut.

Ein Nachteil davon, sich in heimischen Gewässern, fern von Pflicht und Maloche, sicher zu fühlen, ist allerdings: Ausnahmen treffen einen völlig unvorbereitet. Wenn mir eine Halbwüchsige auf Arbeit hinterherruft und wissen will, was in der nächsten Klassenarbeit drankommt, ist das lästig. Aber kalkulierbar. Die Gespräche werden routiniert und knapp abgewickelt. Völlig anders und merkwürdig verlaufen die Ereignisse, wenn man die Kulisse austauscht: Metal-Club, in Zivil (was das heißt, überlasse ich gerne Ihrer Fantasie) zwischen Kumpels stehend und schon mehr als leicht einen sitzen habend. Meine Reaktion auf die besagte Halbwüchsige und ihr Anliegen können Sie sich bunt ausmalen. Ich glaube, die Kleine träumt heute noch davon.

Meine Kumpel auch. Die hatte ich lange nicht mehr so grölen sehen. Und viele von denen grölen wirklich meisterhaft.

Kein Mensch, und schon gar kein Metaller, der mich privat kennt, kann sich vorstellen, dass ich beruflich tue, was ich tue. »Wenn du Lehrerin wirst, geh ich wieder zur Schule«, hieß es früher immer. Hat sich aber noch keiner getraut.

Selbst meinem Mann fällt die Vorstellung schwer. Er hat schon mehr als einmal geplant, sich zu tarnen, um mich in Lehr-Action zu erleben. Er kennt seine Frau nur in Zivil – Frau Blofeld im Amt bleibt ein mythisches Fabelwesen mit Beamtenstatus. Wobei ich mir das Szenario genauso wenig vorstellen kann. Also, dass meine Kumpels noch mal die Schulbank drücken. Ganz zu schweigen von meinem Mann. Die beruflich-private Diffusionsgrenze gilt nämlich auch andersherum. Nie im Leben würde ich auf die Idee kommen, ihn zu einer schulischen Spaßveranstaltung mitzuschleppen. Dafür ist er mir auch dankbar.

Tacheles: Ich kann mich in der Lehrerrolle nicht (immer) ernst nehmen. Muss ich auch nicht. Hauptsache, die Kinder tun's. (Tun sie meistens! Schwöre!) Trotzdem will ich nicht von aller Welt ständig mit Schulscheiß genervt werden. Und das passiert unweigerlich, wenn Schul- und Wohnort miteinander korrelieren. Wenn ich im Schulort unterwegs bin, ist es wie in *Call of Duty*. Hinter jeder Ecke kann der Feind lauern, der mir meine Pflichten in Erinnerung rufen will.

Noch schlimmer als die Schüler sind deren Erzeuger.

Deshalb hier eine Botschaft an alle Eltern: Nein, ich weiß nicht, wie Sie aussehen! Ich habe Sie einmal am Elternabend zwischen zwanzig anderen Kampfpiloten herumschwirren sehen. Sie sehen für mich alle gleich aus. Wundern Sie sich nicht, wenn ich Sie auf der Straße irritiert anglotze, wenn Sie was von mir wollen. Wahrscheinlich halte ich Sie für einen Irren, der wahllos fremde Menschen angräbt, um ihnen den *Wachtturm* anzudrehen. Oder Globuli. Selbst wenn ich Sie erkennen würde, würde ich versuchen, Sie zu ignorieren.

Nächster Punkt: Warum wollen Sie eigentlich was von mir? Sehe ich so aus, als würde ich gern über die Zukunftsaussichten Ihres Kindes fabulieren, wenn ich bei Penny einen Sack Kartoffeln kaufe? Okay, manche Leute fragen im Kino auch ihren Proktologen nach dem Ergebnis der letzten Darmspiegelung. Die Antworten können in beiden Fällen unangenehm ausfallen.

Darum bin ich ganz froh, eine kleine, regionale dissoziative Identitätsstörung zu haben. Wenn ich morgens um sechs auf der Landstraße in mein Lehrer-Nervenkostüm schlüpfe, laut

zur Musik mitgröle und noch lauter über die anderen Umzugsverweigerer vom Leder ziehe, weiß ich: Die nächsten Ferien kommen bestimmt.
 Ausschlafen!
 Bis um sechs.
 Länger geht nicht mehr. Muss am Alter liegen.

ANDERE LÄNDER, ANDERE LEHRER
(Sabaton: Swedish Pagans)

»Hey, Frau Blofeld! Interesse an einer Fortbildung zum Thema Binnendifferenzierung?«
 »Boah, nääää …«
 »… ist zwar in Schweden, aber …«
 »… äh … WAS? Wo kann ich mich anmelden?«
 »… ist aber teuer, wollte ich sagen.«
 »Und ich hab gefragt, wo ich mich anmelden kann, zum Henker!«

Um diesen Gesprächsverlauf einordnen zu können, muss man etwas wissen. Alle Metal-Fans, gleich, welcher der unzähligen Stilrichtungen der geschmiedeten Musik sie zugeneigt sind, sind sich in einer Sache einig: Egal, wie metal du bist, Skandinavier sind Metaller.

Im Norden, wo unzählige glorreiche Musiker herkommen, die unsere Stahlherzen höherschlagen lassen, ist alles cooler. Menschen, Musik, Landschaft, Kultur, Sprache. Und natürlich das Wetter. Letzteres vor allem deshalb, weil Schwarz im Sommer beschissen heiß ist. Würde keiner offen zugeben, ist aber nicht von der Hand zu weisen.

Also: Schweden! Woohoo! Anlass? Einerlei.

Ziel der im Rahmen eines europäischen Fortbildungsprogramms organisierten Bildungsreise sollte es sein, den verbohrten Lehrbürokraten aus Deutschland vorzuführen, was die coolen schwedischen Socken schulisch alles besser machten. So flog ich mit zwei Kollegen und großen Erwartungen im Gepäck hin – also, die Kollegen reisten selbst –, um mich von den Nordlichtern erleuchten zu lassen.

Kurz nachdem wir die erste Schule zur Besichtigung betreten hatten, war mir alles klar. Ich sah mich um: Natürlich gingen die Kinder hier gerne zur Schule. Alles offen, bunt, Gratisknäckebrot, ein eigenes Tablet für jeden zum Draufrumwischeln. Was will ein Schüler mehr?

Noch offensichtlicher war, weshalb die Lehrer immens mehr Spaß bei der Arbeit hatten. Man (Frau) brauchte sich nur kurz umzublicken, um festzustellen: FUCK, sehen die alle geil aus!

Ein deutsches Lehrerkollegium rangiert optisch bekanntermaßen irgendwo zwischen Milhouse van Houten von den *Simpsons,* Dolores Umbridge aus *Harry Potter* und den Fraggles. Wo waren hier die verschwurbelten kleinen Halbglatzen mit Nickelbrille? Wo die schrulligen, leicht buckligen Überfünfzigjährigen? Gab es irgendeinen Wandschrank, in den alle echten Lehrer weggesperrt wurden, wenn sich internationaler Besuch ankündigte? Ich kam mir minütlich mehr vor wie in einer Folge der Serie *Vikings,* nur ohne Gemetzel. Dafür mit Smartboards. Hätte ich solche Kollegen, würde ich öfter auf Lehrerausflüge mitgehen … gerne ins Freibad. Sauna ginge natürlich auch.

Ich war eben dabei, einen der Wikinger anzustupsen, um zu überprüfen, ob das alles real war, als der in perfektem Englisch anfing, seine sexy Schwedenschule zu präsentieren: »Hi, I'm Ragnar.« (Natürlich!)

Vom weiteren Rundgang bekam ich nicht sonderlich viel mit. Zu beschäftigt war ich damit, die skandinavischen Lehrkörper zu bestaunen. Das Geschlecht schien keine Rolle zu spielen, wenn es um Schönheit ging. »Meine Fresse, wie können die sich hier konzentrieren?«, raunte ich Kollegin D. zu.

»Ja wirklich, so ein Krach!«

Hm? Krach? Meine Ohren hatte ich zuletzt nicht genutzt, weil ich all meine Ressourcen für das Sehorgan und die Speichelproduktion benötigte. Zudem war ich gerade dabei, die Engstirnigkeit meiner sexuellen Orientierung infrage zu stellen. Ja, stimmte. Es war zwar nicht ohrenbetäubend laut, aber der Geräuschpegel hätte bei Lehrer Lämpel zumindest Sodbrand verursacht. Ziemlich umtriebig war es auch. Überall rannten kleine Wikinger und Wikingerinnen herum. In einer Ecke des Schulgebäudes standen Sportgeräte, an denen wild herumgeturnt wurde. In einer anderen spielte ein Schüler Klavier (wunderschön, nebenbei bemerkt).

Sportgeräte und ein Klavier, mitten im Schulhaus! In unserer deutschen Bruchbude findet man in den Gängen nur abgeranzte Sitzgruppen und – nichts und, mehr gibt's nicht. Was war das hier? Pause? Anarchie? Raubzug?

»Völlig normal«, versicherte Ragnar. Jedes Lehrerteam könne für sich selbst beschließen, was eine Schulstufe wann mache.

»Aha, cool … Team? Gibt's das, Lehrer im Team? Kämpfen die dann gegeneinander? Und wer verliert, muss die Zurückgebliebenen unterrichten?«

Jetzt kuckte Ragnar etwas verunsichert. Ich meinte sogar, eine Spur Mitleid in seinen perfekten Gesichtszügen zu erkennen. Er fragte sich anscheinend, durch welche pädagogische Hölle diese arme kleine Frau jeden Tag gehen musste.

Auf die Frage nach dem nicht existenten Pausenklingeln erntete ich dröhnendes Nordmannlachen. Er dachte, ich würde ihn verarschen. Frei übersetzt sagte er dazu: »Bei euch klingelt's? Immer nach fünfundvierzig Minuten? Wasndas für 'n Schwachsinn! Wozu soll das gut sein?«

Eine Antwort darauf sparte ich mir. Weil mir auch keine einfiel, ehrlich gesagt.

So in der Art ging es noch vier Tage weiter. Andere Schulen, ähnliche *Vikings*-Folgen. Überall, dem Anschein nach, zufriedene Schüler und, ja wirklich, zufriedene Lehrer!

Wieder zu Hause, sollten wir den Fraggles bei einer Konferenz präsentieren, was denn nun schwedische Schulen zu besseren Schulen machte. Ja, was eigentlich?
    Das fehlende Läuten. Freie Zeiteinteilung. Ein engmaschiges soziales Betreuungssystem. Ganztagsschule. Eine Smörrebrödgratis-Bar (kein Scheiß!). Offene Türen. Das einheitliche Schulsystem. Die fehlende Hierarchie, auch zwischen Schülern und Lehrern (in Schweden duzt sich jeder ... *jeder!*). Zusammenarbeit. Feedback-Kultur. Kein gesellschaftlicher Sonderstatus der Lehrer, die dennoch (deshalb?) respektiert werden. Weil ihr Job für wichtig erachtet wird, dabei allerdings viel schlechter bezahlt ist.
    Kopfschütteln bei den Fraggles. In den hinteren Reihen, bei den Umbrigdes, überhebliches Lachen.
    »Ach was, daran kann's nicht liegen ...«
    »... so ein Stuss ...«
    »... haben wir schon immer so gemacht ...«
    »... bla, bla, bla (beliebige deutsche Phrase hier einfügen) ...«
    »... jetzt nicht ändern ...«
    »... Mehrheit dagegen!«
    Der Boden der Realität ist einer der härtesten. Manchmal nervt mich Demokratie auch ein bisschen.

Was ich aus der Fortbildung gelernt habe? Deutsche Lehrer lernen selbst nicht gern. Und mithilfe von EU-Fördergeldern kann man prima schwedische Männer ansabbern. Vielleicht wandere ich ja aus.
    Aber, Hölle noch mal, wissen Sie, was ein Bier in Schweden kostet?

Nächstes Jahr wird Finnland angeboten. Mal schauen, was es da zu sehen, äh, zu lernen gibt. Kostet zwar noch mehr. Aber abgesehen vom Bier zahle das ja nicht ich …

Pause um! Ich muss jetzt schnell in den Unterricht. Denn in fünfundvierzig Minuten heißt's wieder: *For Whom the School Bell Tolls.*

MENTALHYGIENE
(Type O Negative: I Don't Wanna Be Me)

Manchmal passiert es. Und ich schäme mich nur ein bisschen dafür.

An Tagen, an denen es selbst mir zu viel wird. An denen die ausgleichende Wirkung von zu lautem Heavy Metal und hemmungslosem Zynismus aufgebraucht ist. Wenn ich zu Hause oder im Auto hocke, allmählich zur Ruhe komme und plötzlich feststelle: Scheiße, ist wieder so weit. Alarmstufe Rot.

Dann geht nichts mehr. Die hässliche Fratze der depressiven Verstimmung lugt wieder grinsend um die Ecke, wie Stephen Kings Horrorclown Pennywise aus dem Abwasserkanal. Dann geht es mir mental nicht so wirklich gut. Besser gesagt: lausig. Noch besser gesagt: richtig dreckig.

Und dann passiert es: Ich gehe tanzen.

Ja, ich!

Sie dürfen sich das bitte nicht so vorstellen, dass ich mich flennend in die nächste Dorfdisco begebe und zu Chartsgedudel mit dem Arsch wackle wie irgendwelche verzweifelten Hausmuttis, die früher zu viel *Sex and the City* geglotzt haben und jetzt mal wieder Ausgang kriegen. Nein, so kulturell vielschichtig und musikalisch tolerant bin ich nun auch nicht. Außerdem flenne ich nicht. Nie! Okay, selten.

Für spezielle Situationen wie diese habe ich vor zwanzig Jahren eine adäquate Notlösung gefunden – tanzbare elektronische Musik für Menschen, die gerne Schwarz tragen. Gothic. Genauer gesagt Darkwave, Electro, Industrial. Für Unwissende: ist ein bisschen wie Techno, nur in böse. Dazu und mit ein paar Bier intus kann ich mich dermaßen in Trance tanzen, dass es einer Meditation gleichkommt. Danach ist die mentale Wasserwaage manchmal wieder ausgerichtet.

Sollte das nicht funktionieren, bleibt mir nur noch: die Nadel.

Richtig, ich lasse mich tätowieren. Meine Ultima Ratio der geistigen Genesung. Da nicht alle auf diesem Gebiet versiert sind, bedarf es nun einiger Erklärungen.

Inzwischen gehören Tattoos zum Alltag wie Löcher in den Jeans. Dennoch gibt es Menschen, die einen wegen zu vieler Farben oder zu vieler Löcher an Stellen, wo sie ursprünglich nicht angedacht waren, seltsam beäugen und in eine Schublade im Vorurteils-Bauernschränkchen ihres Gehirns stecken, in die man nicht zwingend hineingehört.

Im Übrigen *habe* ich keine Tattoos. Ich *bin* tätowiert. Kompletter Unterschied! Während sich bei inzwischen jedem zehnten Deutschen hier und da kleine Motive unterschiedlichster Couleur finden, gehöre ich zu denjenigen, bei denen die verschiedenen Bildchen über Jahrzehnte zu etwas Großflächigerem zusammengewachsen sind. Wie es dazu kam? Nun, hier kommt die Geschichte mit der Mentalhygiene ins Spiel.

Auf die Frage, warum sie sich tätowieren lassen, antworten die meisten: »Weil ich es schön finde.«

Stimmt nur so halb. Natürlich finde ich meine Tätowierungen auch schön. Ich lasse mir schließlich nichts permanent unter die Haut dübeln (ja, ich weiß, dass das nie mehr weggeht, Sie brauchen das nicht immer zu fragen!), was ich sackhässlich finde.

Trotzdem kann mir kein Mensch auf der Welt, der sich freiwillig mit einer Nadel mit über hundert Stichen pro Sekunde in die Haut ritzen lässt, noch dazu an Stellen, an denen manch einer nicht einmal ohne spitzen Gegenstand angefasst werden darf, eins weismachen: dass er nicht irgendwo tief in sich drin einen kleinen depressiven Borderliner hocken hätte, der alle paar Jahre brüllt, weil er kurz vor die Tür muss. Meiner tut das in regelmäßigen Abständen von ein bis zwei Jahren. Da ich die Tattoo-Motive schon Jahre im Voraus im Kopf habe, ist das Problem meist nur der Termin beim Nadelkünstler. Ist es so weit, zelebriere ich das innerlich wie andere Weihnachten.

Ja, es tut weh. Manchmal sogar sehr. Weiß auch jeder, der sich dafür entscheidet, außer er ist ein Lappen. Das gehört dazu und ist gut so.

Ich bin der Meinung: Es gibt viele Irre, die das ein bisschen genießen. Mich zum Beispiel. Man spricht nur nicht darüber. Genauso wie man über andere Dinge nicht spricht, die einem unangenehm sind. Und gegen die Tanzen und Tattoos vielleicht irgendwann nicht mehr helfen …

Dann geh ich mal den nächsten Termin beim Tätowierer machen. Bis dahin finden Sie mich in der Disco.

POKERFACE
(SATYRICON: THE WOLFPACK)

Viele unterstellen mir, ich würde mich benehmen, als sei ich von einem Wolfsrudel aufgezogen worden.

Stimmt nicht. Schlimmer: Ich wurde von zwei großen Brüdern aufgezogen. Zumindest, was die kulturelle Prägung anbelangt. Meine Eltern hatten Vertrauen und ließen ihnen dabei völlig freie Hand. Das Ergebnis sehen Sie ja …

Andere kleine Mädchen hörten Ende der Achtziger *Benjamin Blümchen*. In meinem Kassettenrekorder lief *Jan Tenner: Das Totenschiff*.

Andere süße Kinder tanzten zu Rolf Zugekiffski. Ich schüttelte schon früh mein Haupthaar zu Guns N' Roses und Megadeth.

Andere Prinzesschen schauten Disney-Filme. Ich *Wayne's World* und *Braindead*.

Andere spielten mit Puppen. Ich *Maniac Mansion* und *Monkey Island* auf dem Commodore.

Andere lernten Geige- oder Klavierspielen. Ich wünschte mir mit zehn Jahren ein Schlagzeug.

Andere bekamen Märchen vorgelesen. Ich las Stephen King und Tolkien. Selbst.

Spätestens als meine Mutter beobachtete, wie ich im Alter von elf Jahren mit einem Kugelschreiber meine Barbies tätowierte, hätte sie merken müssen, dass da gerade volle Kanne was im Busch war. Zu spät! Gut so.

Ich verdanke meinen Brüdern viel. Sie haben große Hoffnungen in ihre kleine Schwester gesetzt. (Und dann das: Lehrerin. Wie konnte sie nur!) Außerdem habe ich von ihnen eine wichtige Lektion für den Lehrerberuf gelernt, wofür ich heute sehr dankbar bin: Glücksspiel. Black Jack, Roulette, Texas Hold'em, inklusive Pokerface.

Versuchen Sie bitte nie, mithilfe eines Böllers, den Sie in eine Kippe frickeln, Russisch Roulette zu spielen. Das ist nüchtern schon gefährlich, aber besoffen ... okay, doch, war es zum Niederknien. Aber das nur nebenbei. Der Zusammenhang zwischen Glücksspiel und dem Schulwesen liegt auf der Hand: Notengebung.

Aufschrei. Schiebung! Willkür! Buhei!

Halten Sie bitte den Ball flach. Auch wenn ich mir für die „Gesichts-Noten" (interner Fachjargon für mündliche Noten, etwas böse, ich weiß ...) oftmals einen Würfelbecher wünsche: nee! Die Rede ist von mündlichen Prüfungen. Pokerturniere sind Kindergeburtstage dagegen. Ich skizziere mal kurz den Ablauf.

Vier Spieler befinden sich am Tisch:
1. Schüler,
2. Lehrer,
3. Protokollant,
4. Vorsitzender.

Spieler 1 bis 3 spielen in einem Team. Spieler 4 ist meist der Feind, da fremder Kollege aus anderer Schule und völlig neutral Spieler 1 gegenüber. Zudem angepisst wegen langer Anfahrt plus Mehrarbeit.

Gewinn für Spieler 1: Allgemeine Hochschulreife. Einsatz: vorhandenes Wissen.

Wenn Spieler 1 seinen Einsatz getätigt hat, verlässt er den Raum.

Es folgt der Einsatz von Spieler 2: Notenvorschlag.

Wenn Spieler 2 keine totale Pädagogendrecksau ist, wird er versuchen, den bestmöglichen Gewinn für Spieler 1 herauszuholen. Das klappt besser, wenn für Spieler 3 dasselbe zutrifft.

Hierbei darf keinesfalls eine eventuell bestehende emotionale Bindung zu Spieler 1 offenbart werden. Noch darf im Gesicht zu lesen sein, was man in Wahrheit vom erbrachten Einsatz hält. Der liegt nämlich meist unter dem eigentlichen Limit. Pokerface!

Zieht Spieler 3 mit, ist alles tutti, wenn Spieler 4 nicht extrem unterbietet.

Falls doch, erweisen sich weitere Glücksspielkompetenzen als gewinnbringend: guter Bluff und Durchsetzungsvermögen. Der Gegner wird verunsichert und so zum Passen gezwungen. Erst wenn der Pott eingesackt ist, darf die Fassade fallen.

Ich sage Ihnen jetzt ehrlich und im Vertrauen (das bleibt bitte unter uns): Das ist schwer. Bei meinem ersten Abi-Pokerturnier war ich übelst nervös und musste ab und an sogar passen.

Für jede Sportart gilt: Übung macht den Meister. Allerdings rollen meine Eingeweide hinter dem Pokerface auch nach zehn Jahren noch manchmal in Runden wie beim Roulette. Vor allem, wenn der Einsatz zu niedrig scheint – und der Gewinn in unerreichbarer Ferne. Siegen wir dennoch, fällt mein Pokerface so tonnenschwer zu Boden, dass die pissgelben Wände des Schulhauses dröhnen. Das ist oft der Moment für Freudentränen bei Spieler 1.

Ja, ich ekle mich vor mir selbst. Hin und wieder scheiß ich auf Fassade und freue mich mit. Nur kurz. Habe immerhin einen Ruf zu verlieren. Wenn das jemand mitbekommt, stürzen sich alle drauf wie ein hungriges Wolfsrudel ...

Ach was, wenn man gegen zwei große Brüder angekommen ist, schafft man es auch unter Wölfen. Die Schule ist voll davon. Sie sind allerdings nicht immer dort, wo man sie vermutet.

LEBENSLÄNGLICH
(Black Sabbath: Children of the Grave)

Als ich heiratete, war ich fünfundzwanzig.

»Viel zu früh! Lass das doch!«, sagte meine Mutter. Ihre Befürchtung: Ich würde nach standesamtlicher Unterschrift mein schon viel zu lange dauerndes Studium kurz vor dem Ende hinschmeißen, um jährlich ein Balg zu werfen, und mich bei *Frauentausch* anmelden.

Das ist jetzt elf Jahre her. Das Studium habe ich bekanntlich zu Ende gebracht. Gerade so ... und ich habe keine elf Kinder. Ich habe keins.

Ich weiß, was Sie jetzt denken: Oh, die Arme!

Achtung, ich hole jetzt etwas aus. Versuchen Sie, mir zu folgen.

Ich sitze in meinem Wohnzimmer im finanzierten Eigenheim. Es läuft Slayer, *Raining Blood* ... ich wollte eben schreiben »im Radio«, aber ich weiß nicht, wie das technische Gedöns heißt, das mein Gatte an den Fernseher angeschlossen hat. Immerhin weiß ich, wie es angeht und wie ich diverse Streaming-Dienste starten kann. Was für die Sommerferien überlebenswichtig ist, um den Lärm der daheimgebliebenen Nachbarsblagen im Neubaugebiet sechs Wochen lang zu überdröhnen.

Lebenslänglich – fünfunddreißig Jahre Eigenheimkredit-Laufzeit, das ist lebenslänglich. (Und spießig. So bin ich.) Selbst das deutsche Strafrecht prüft nach fünfzehn Jahren die Möglichkeit der Bewährung. Die Bank nicht. Gratis dazu gibt es ab Baubeginn einsetzende Erkundungen des gesamten privaten und beruflichen Umfelds, ob der Bauch nicht schon bald dicker wird.

Gut, dass Männer keine Kinder gebären können, sonst bekäme mein Mann diese Blicke auch ab. Seine Großmutter benutzt jedenfalls gern einen Ausdruck, der mich passiv-aggressiv werden lässt: »etwas Kleines bekommen«.

Etwas Kleines! Ich bin jedes Mal geneigt, zu fragen, was es denn Kleines werden soll: Hund? Katze? Krebsgeschwür?

Ich sage Ihnen jetzt, wie es ist: Ich will keine Kinder.

Warum? Ich mag sie nicht. Echt nicht. Ich finde sie nicht süß, ich will sie nicht halten und auch sonst nicht in ihrer Nähe sein. Bei mir muss irgendein verqueres Trauma vorliegen, an das ich mich nicht mehr entsinnen kann. Wahrscheinlich fand ich mich als Kleinkind selbst so scheiße, dass ich nachhaltig gestört bin. Zudem bin ich der Ansicht, dass man bei einer Weltbevölkerung von bald acht Milliarden Menschen nicht noch mehr rumgebären muss. Think globally!

Damit stehe ich, vor allem in meinem Beruf, mehr als allein da. Ich bin verheiratet. Und das bereits seit über zehn Jahren! In so einem Zeitraum bekommen andere dreimal Zwillinge. Die meisten denken offenbar: Wozu heiratet man denn sonst? Meine Gegenfrage, warum man zum Werfen unbedingt einen Trauschein braucht, wird geflissentlich ignoriert.

Tatsächlich ist die Eheschließungsquote unter uns Beamten vergleichsweise hoch. Ob das wohl an den Vergünstigungen liegt? Das Ganze hört auf den brachialen Namen »Familienzuschlag«. Was nach häuslicher Gewalt klingt, ist der Betrag, den ich monatlich bekomme, weil mein Mann und ich vor knapp zwölf Jahren ein Stück Papier unterschrieben haben. Romantisch, nicht? Jetzt muss man den Menschen schon Geld bezahlen, damit sie eine deutsche Beamtin heiraten. Für Nachwuchs gibt's noch mal extra was drauf. Ist auch nur fair, bei der schlechten Bezahlung und den ungünstigen Arbeitsbedingungen!

Zu meiner Verteidigung: Als mein Mann Ja zu mir sagte, war ich weder verbeamtet noch hatte ich die leiseste Ahnung von irgendeinem Zuschlag. Zumindest in monetärer Form.

Inzwischen bin ich eine der wenigen Kolleginnen in meinem Alter, die sich noch nicht fortgepflanzt hat, obwohl sie dazu biologisch und sozial bestens in der Lage wäre. Für alle anderen: ein Skandal. Für mich: nicht weiter schlimm. Solange die Gebärenden ihre sabbernden Mini-Mes nicht mit in die Schule bringen. Wir sind kein Hort, verdammte Scheiße! Sie halten einem dann das kürzlich entbundene Teil vors Gesicht und erwarten eine bestimmte Reaktion. Jetzt verrate ich Ihnen was. Es ist nicht: »Aha. Nett. Ich muss dann mal kopieren. Tschüss!«

Ja, Entschuldigung, Babys lösen in mir nichts aus. Doch! Unwohlsein. Während bei vielen Geschlechtsgenossinnen – zum Entsetzen meines Chefs – die biologische Uhr so laut tickt, dass man sie bis ins Nimmerland hören kann, setze ich mich lieber in eine Kiste voll Hundewelpen. Schwangere Kolleginnen sind für mich ein Ärgernis. Denn sie bedeuten für unsereiner nur eines: mehr Arbeit. Bisher ist kaum ein Jahr vergangen, in dem ich keine Schwangerschaftsvertretung machen musste, weil es immer an denselben hängen bleibt. Denen, die da sind und die Vollzeit arbeiten.

Bin ja selbst schuld. Könnte ja auch meine weibliche Pflicht gegenüber der demografisch gebeutelten Bundesrepublik erfüllen. War doch meine ureigene Entscheidung. – Das denken Sie gerade, richtig?

Könnten Sie sich bitte kurz umdrehen? Ich möchte nachschauen, ob Sie den Arsch sperrangelweit offen haben!

Ich werfe meinen Kolleginnen nicht vor, dass sie sich aus freien Stücken dazu entschließen, Kinder in diese schmutzige, versiffte, klebrige Welt zu setzen. Ich werfe allen anderen vor, dass sie mir etwas vorwerfen, wenn ich es aus freien Stücken nicht tue.

Lebenslänglich – das ist die Verbeamtung. Sollte allen bekannt sein, die diesen Beruf ergreifen. Und nur zu oft tun die Leute es genau deshalb. »Gute Vereinbarkeit von Familie und Beruf« heißt übersetzt: Ich studiere locker-flockig Deutsch und Sport auf Lehramt, und wenn ich eine Festanstellung habe, wird geheiratet und geboren. Bin ich nach ein paar Jahren wieder lustig, arbeite ich ein bisschen nebenher, in Minimalteilzeit. Da ich Familie habe, kann ich dann nach Belieben Stundenplanwünsche äußern. Ohne geht das nicht. Also, geht schon. Ist aber meistens egal.

»Familie« bedeutet in dem Fall: mindestens ein menschliches Kind. Per Definition habe ich keine Familie, brauche also auch keine Zeit für sie, da mein Mann, meine Hunde und mein restliches Privatleben bürokratisch nicht existieren.

»Wie kann es sein, dass eine Kollegin, die in derselben Klasse unterrichtet und noch (!) keine Kinder hat, einen besseren Stundenplan hat als ich?«

Ich kann gar nicht genug betonen, wie falsch dieser Satz ist. Willkommen im 21. Jahrhundert. Emanzipation und freier Wille – for the win. Der Spruch spiegelt genau das, was in unserem System nicht stimmt.

Mutter meint: »Wenn du mal Kinder hast, wirst du es verstehen!«

Das mit dem Verstehen scheint so eine Sache zu sein. Gegen die Wand reden ist unterhaltsamer, und unterm Strich kommt mehr dabei raus. Letzte Hoffnung: vierzigster Geburtstag. Dann hören die Fragen und vorwurfsvollen Blicke meist aus biologischen Gründen auf.

So. Genug gehatet. Ich fahr dann mal, Vertretung machen.

Mein Chef hatte gute Neuigkeiten: Wir bekommen im nächsten Schuljahr eine neue Kollegin. Deutsch und Sport. Frisch verheiratet …

VEGANER WESTERN
(ENSIFERUM: STONE COLD METAL)

Geschichte. Klasse zwölf.

Thema: Besiedlung des amerikanischen Kontinents. Go West! Sebastian in der vorletzten Reihe kuckte schon wieder, als müsste er sich dringend erleichtern. Nach mehr als einem Jahr kannte ich ihn aber gut genug. Mir war klar: Er dachte nur sehr angestrengt nach.

Die Gabe, Handlungen meiner Schüler voraussehen zu können, hat mir den überaus nützlichen Ruf eingebracht, das zweite Gesicht zu besitzen. Um diesem Mythos wieder einmal gerecht zu werden, fragte ich, bevor es aus ihm hervorbrach: »Na, Sebastian, was willst du wissen?«

Staunende Blicke, wie immer. Gut.

Dann wartete ich auf seine Frage, die, wie ich schon geahnt hatte, nicht ganz zum Thema der Stunde passen sollte.

»Ich weiß, das passt jetzt nicht ganz zum Thema (ach!), aber wie heißen noch mal diese Indianer, die es da gibt? Die heißen doch wie so ein Gemüse.«

Meine Stirn zog sich so in Runzeln, dass ich meine Augenbrauen nicht mehr nach unten bekam. Meinen Blick zu beschreiben ginge am besten mit den Worten: ALTER, WAS STIMMT MIT DIR NICHT?!

Natürlich war es zudem eine Frage, bei der ich Unwissenheit zugeben musste. Wer kann so 'n Scheiß auch wissen, echt jetzt. Als ich gerade vor Sebastians kindlicher Neugier (er war achtzehn) kapitulieren und ihn doch aufs Klo schicken wollte, passierte es.

In diesem Augenblick entstand etwas in meinem Hirn. Ein Bild. Die Antwort! Und ich dankte meinem wie auch immer gearteten Schöpfer, mich mit der unglaublichen Fähigkeit des Kopfkinos mit 4K, 3D und Surround-Sound gesegnet zu haben.

Ich sah einen typischen, winnetouartigen amerikanischen Ureinwohner vor mir, wie er der Kinderfantasie entspringt und als gängiges Faschingskostüm jährlich aufs Neue viele erfreut, die keine Kreativität haben, um sich was Richtiges auszudenken. Nur hatte der Indianer in meinem Kopf nicht die typische Stammesfeder auf dem Haupt. Sein Haar schmückte ein circa fünfzehn Zentimeter langes, fünf Zentimeter breites, leicht abgerundetes, oben zugespitztes, weißes und an den Enden sanftgrünes Blatt. Ich schätzte, dass dieses Blatt, wenn man hineinbiss, ziemlich bitter schmeckte und man sich fragen würde, wer um alles auf der Welt so einen Dreck fressen wollte.

Ich betrachtete das Bild in meinem inneren IMAX, speicherte es für die Ewigkeit ... und dann lachte ich brüllend los.

Ich lachte, bis ich selbst kurz davor war, aufs Klo zu müssen. Als ich mehr oder weniger fertig war, schaute ich auf, trocknete meine Tränen, sah Sebastian an und antwortete, noch hysterisch kichernd: »Du meinst die Cherokee!«

»*Genau,* ja, sag ich doch, wie das Gemüse!«

Es dauerte einen Moment. Dann kam der Film in Sebastians Kino an, und auch er lag vor Lachen auf dem Boden.

Das ist jetzt einige Jahre her. Aber wenn ich einen Western sehe, formt sich in meinem Gehirn immer noch das bekannte Bild. Was dazu führt, dass ich lieber die Toilette aufsuche, bevor ich anfange zu lachen.

Vielleicht wird mal ein Western daraus: *Der Chicorée-Indianer und das Geheimnis im Minestrone-See.*

In meinem Kino läuft er schon.

DAS SCHWEIGEN DER SCHÜLER
(Disturbed: The Sound of Silence)

Ich bin sehr geräuschempfindlich.
Diesen Satz lasse ich kurz auf Sie wirken.

Gewiss, ich höre Heavy Metal in einer Lautstärke, die jeden HNO-Arzt zu Recht daran zweifeln lassen würde, ob ich in Zukunft überhaupt noch etwas mit den Lauschern wahrnehmen kann. Nach inzwischen fast dreißig Jahren exzessiven Metal-Konsums ist das leider noch nicht eingetreten. Ich habe nämlich noch eine Gabe, die mir oft wie ein Fluch anhaftet: Ich höre absolut alles. Jeden Scheißdreck. Dinge, die ich nie im Leben hören will.

Im Unterricht mache ich mir das zunutze, indem ich mich unerwartet in Tuschel-Privatgespräche meiner Schüler einklinke, die sich in der letzten Reihe abspielen: »Tuschelflüsterflüstertuschel ...«

»Nein, Bianca, der Nagellack passt nicht zu deinem Top. Und ich glaube auch nicht, dass Peter auf Glitzerpink abfährt.«

Verwunderte bis entsetzte Blicke.

»Ja, ich höre ALLES!«

Die meisten Schüler beginnen in solchen Momenten, die bisher stattgefundenen Gespräche zu rekapitulieren. Ich nicke dann nur: Ja, ich weiß alles über euch!

Andere Geräusche treiben mich in Weiten des Wahnsinns, in die bisher noch niemand vorgedrungen ist. Kaugeräusche beispielsweise. Schon mehr als einmal hätte ich meinen Mann beim Fernsehen fast im Affekt erschlagen, weil er die Dreistigkeit besaß, neben mir Erdnussflips zu mampfen. Von nachofressenden Vollpfosten im Kino will ich gar nicht erst anfangen.

Alle meine Schüler wissen: Essen in meinem Unterricht ist so was von verboten! Wer es vergisst, merkt es schnell. So drohte ich Stefan einst damit, sein Pausenbrot – Betonung auf »Pause« – einfach abzulecken, wenn er es nicht subito verschwinden ließe. Da er mich bereits länger kannte, traute er mir das durchaus zu und ergriff Gegenmaßnahmen.

Okay, ich hätte mich eventuell deutlicher ausdrücken sollen. Denn Stefan stopfte sich sein Brot einfach komplett in die Luke. Mit triumphierendem Blick schaute er mich an. Dann merkte er selbst, wie blöd das war. Den Rest der Stunde war er zumindest leise, da er mit Kauen und Nicht-Ersticken beschäftigt war. Auch praktisch.

Ich reagiere außerdem allergisch darauf, wenn sich mehrere Personen gleichzeitig in einem Raum unterhalten. Spitzen-Berufswahl, denken Sie jetzt? Im Klassenraum habe ich damit aber selten Probleme. Viel schlimmer sind Lehrerkonferenzen. Achtzig Berufslaberbacken in einem Raum! Und alle meinen, sich verbal erleichtern zu müssen. Das ist eine Geräuschkulisse, die mein Hirn sprengt.

Dennoch mag ich lebhafte Klassen. Auch das unterscheidet mich von vielen Kollegen. Wobei »lebhaft« nicht bedeutet, dass alle wie die Urzeitmenschen durcheinandergrölen müssen. Zumindest nicht fünfundvierzig Minuten am Stück.

Ich unterrichte Fächer, die von Diskurs und Meinungsäußerung leben. Ohne eine gewisse Aufgewecktheit seitens der Schüler wird einem dies ungemein erschwert. Mein schlimmster Albtraum: Steuerfachangestellte. Diese Klassen werden von mir liebevoll als »die Leichenhalle« bezeichnet. Irgendetwas muss dieses Berufsbild an sich haben, was beinah ausnahmslos Scheintote anzieht.

Es geht schon los, bevor ich die Klassentür öffne. Nie weiß ich, ob es dahinter überhaupt Leben gibt – der Geräuschkulisse nach könnte das Zimmer auch leer sein.

Also gut. Ich betrete den Raum mit einem fröhlichen: »Guten Morgen zusammen!«

Nichts.

»Guten Morgen, hab ich gesagt!«

Betretenes Husten. Manche nuscheln widerwillig etwas, was wie »Morn« klingt.

Während ich den Computer starte, starren mich zwanzig Augenpaare wartend an, wie diese kleinen, grünen, niedlichen Aliens in *Toy Story*. Nur nicht niedlich. Und mit schlechter Laune.

»Was ist los? So interessant ist mein Gesicht nicht. Da passiert nix! Redet miteinander, wie normale Menschen! Es gibt Tierarten, bei denen bedeutet intensiver Blickkontakt Aggression! Im Knast übrigens auch!«

Da regt sich Justus in der ersten Reihe: »Woher wissen Sie das?«

»Was?«

»Das mit dem Knast?«

»Erfahrung.«

Stille. Ich glaube, das bleibt jetzt auch erst mal so.

Gruppenarbeit. Zwanzig Minuten später.

Es ist so still, dass eine zu Boden fallende Stecknadel auf dem Filzteppich wie der Einschlag einer Mörsergranate klingen würde. Ich überlege, der Klasse zum x-ten Mal die Bedeutung und den Sinn von Teamwork zu erläutern. Beschließe dann aber, durch die Reihen zu gehen und Schüler in die Schulter zu piken, um sicherzustellen, dass alle noch am Leben sind. Vielleicht sollte ich nächstes Mal sicherheitshalber medizinisches Gerät mitbringen.

Zwanzig Minuten darauf: Geplant ist die Präsentation der Arbeitsergebnisse. Niemand bewegt sich. Manche unterdrücken den Atemreflex. Ich weiß: Wenn ich jetzt klein beigebe, sind die nächsten zwei Jahre gelaufen. Also warte ich. Und starre meinerseits in die Augen der Schüler, auf der Suche nach dem letzten Funken Motivation. Oder Leben. Geduld war noch nie eine meiner Tugenden, aber gewinnen will ich das jetzt unbedingt.

Blick auf die Uhr: noch geschlagene fünfundvierzig Minuten übrig (Doppelstunde). Gruselig.

Als nach weiteren zehn Minuten immer noch keiner zuckt, von mir aber auch keine Reaktion kommt, werden die ersten Steuerzombies unruhig. Mein Plan scheint aufzugehen. Noch mal fünf Minuten später beginnen die jeweiligen Gruppenmitglieder erstmalig, miteinander Kontakt aufzunehmen.

Durchbruch!

Wenn sie schon nicht mit mir reden, dann doch wenigstens mit ihresgleichen. Nach weiteren endlosen Minuten werde ich gewahr, wie sich Diana in der hintersten Ecke langsam – sehr, sehr langsam, quasi in Zeitlupe – von ihrem Stuhl erhebt. Wahrscheinlich muss sie ihren Kreislauf erst darauf vorbereiten, aktiv zu werden. Als sie sich gerade auf den Weg nach vorn macht und ich mir ein »GEWONNEN!« nur mit Mühe verkneifen kann, klingelt es.

Diana macht auf dem Absatz kehrt und setzt sich wieder. Was seltsamerweise ziemlich schnell geht. Ich verbuche das dennoch als Teilerfolg.

Das nächste Mal komme ich wieder gut gelaunt. Und bewaffnet mit Defibrillator, wenn es wieder heißt: Steuerzombiekalypse now.

LEHRER-BASHING
(Megadeth: Angry Again)

Ja, als Lehrer in Deutschland muss man sich viel anhören. Aber nach den bisherigen Kapiteln fragen Sie sich wahrscheinlich vor allem: Warum ist ausgerechnet *die* Lehrerin geworden?

Es gibt Tage, an denen ich mich das auch frage. Aufrichtige und ernüchternde Antwort: Ich kann sonst nix. Ehrlich! Ich hab die passende Ausfahrt auf der Autobahn verpasst. Vorbei an einem mittelmäßigen Schulabschluss und einem NC-losen Studium der Geschichte und Germanistik, wohlgemerkt auch völlig an der Praxis vorbei.

Tatsächlich erwische ich mich heute eher selten dabei, dass ich vor einer Klasse von Verkäufern im ersten Lehrjahr das *Nibelungenlied* auf Mittelhochdeutsch rezitiere. Auch der finnisch-russische Winterkrieg wird wahrscheinlich nie abiturrelevant werden. Zudem ist Kinderliebe nie eine meiner herausragenden Eigenschaften gewesen, was meine Berufswahl, vor allem für mein Umfeld, noch absurder machte.

Doch wider Erwarten aller, die mich kannten, war ich plötzlich Beamtin auf Lebenszeit in der Provinz. Und merkte: Geht! Sogar sehr gut! Was wahrscheinlich daran liegt, dass mir die Schule an sich meist wumpe ist.

Damit jetzt nicht alle das Heulen anfangen: Ich mag meine Schüler wirklich gern, also, die meisten. Ich würde mich aber nie für sie vor einen Zug werfen. Ihre Probleme hindern mich eher selten daran, nachts zu schlafen. Eine gewisse Portion Gleichgültigkeit ist meiner Meinung nach das beste Rezept gegen Burn-out. Leider hilft diese Maxime nicht beim Kampf gegen die Bürokratie, dem ich mich zu oft stellen muss. Mein Kryptonit.

So was bringt mich regelmäßig an den Rand des Wahnsinns: vergessene Reisekostenanträge, Projektprotokolle, Dienstreisegenehmigungen und anderer Formularkokolores. Mit Menschen kann ich bis zu einem gewissen Grad ganz gut, mit Papier tue ich mich schwerer. Anders als nervende Schüler oder Kollegen gehen Formulare leider nicht weg, wenn man sie lange genug ignoriert. Im Gegenteil: Sie vermehren sich! Wie weiße Karnickel. In Arial 12.

Privat bekomme ich es noch nicht einmal gebacken, die Müllgebühren regelmäßig zu überweisen, geschweige denn die Kfz-Versicherung fristgerecht zu wechseln. Wäre mein Mann nicht, würde ich wahrscheinlich immer noch in meiner Studentenbude vor mich hin stoffwechseln und im dreißigsten Semester *World of Warcraft* studieren.

Das Schlimmste im Lehrerberuf sind allerdings andere Lehrer. Wahrscheinlich komme ich deshalb mit den meisten Schülern so gut klar. Wir leiden gemeinsam. Sollte sich jetzt jemand angesprochen oder gar beleidigt fühlen: Sie wissen, warum! Leben Sie damit!

Alle Lehrer kennen das Beamten-Bullshit-Bingo. Meist ist dieses Spiel der Grund, weshalb sie öffentlich ungern zugeben, womit sie Geld verdienen – wenn sie es denn verdienen. Das rote Tuch sind typische Fragen und kraftvoll intonierte Aussagen, die man zu hören bekommt, sobald Menschen in Erfahrung gebracht haben, welchen Beruf man ausübt: »Ach, Lehrer.« – »So viele Ferien! Jaja, freie Nachmittage, hitzefrei!« – »Wahrscheinlich noch verbeamtet, hm?!«, formuliert in einem passiv-aggressiven Unterton, der keinen Zweifel daran lässt, was vom Beruf zu halten ist.

Ich übersetze: »Ach, wieder so ein kinderquälendes, besserwisserisches Arschloch.« – »Fauler Sack, dabei völlig überbezahlt!« – »Noch dazu Steuerdieb! Mögest du an deiner Kreide ersticken und von einer Tafel erschlagen werden!«

Aber – und jetzt wird es höchst seltsam – genauso beliebt sind Mitleidsbekundungen. Und zwar der folgenden Art: »Du bist Lehrerin? Das ist sicher anstrengend, bei den Kindern heutzutage. Und die Eltern erst, das wollte ich nicht machen! ... Auch noch Deutsch? Da musst du ja viel korrigieren! Du Arme!«

Das Komische daran ist, dass Vorwürfe und Mitleidsbekundungen sich keinesfalls ausschließen. Die Leute beginnen mit Seite A der ausgeleierten Beileidsbekundungsschallplatte, um sie dann direkt auf Seite B zu drehen. Was nie fehlen darf, sind Anekdoten aus der eigenen Schulzeit. Darüber, wie fleißig, faul oder frech man selbst als Schüler war, wie grauenvoll und sadistisch die Lehrer waren, und natürlich, welche fürchterlichen gelben Heftchen man im Deutschunterricht lesen musste, gefolgt von der Frage, ob das heute immer noch so sei.

Hab ich Sie erwischt? Klappt immer!

Vom lehrenden Gegenüber wird dann erwartet ... ja, was eigentlich? Bestätigung? Widerspruch? Gar eine Entschuldigung? Devoter Kniefall?

»Es tut mir leid, dass du in der Schule so gelitten hast, ehrlich! Kann ich es wiedergutmachen? Vielleicht mit einer Reclam-Ausgabe von Goethes *Faust*?«

Plot-Twist.

Mich stört an der Sache nur eines: Es ist wahr. Alles! Deshalb ist meine Standardantwort auf alle klassischen Bullshit-Bingo-Fragen nur: »Jaja!« Ja, ich habe Ferien! Ja, ich habe öfter nachmittags frei! Ja, ich muss viel korrigieren! Ja, Kinder und Jugendliche sind scheißanstrengend!

Jetzt Achtung: Das ist kein Geheimnis. Jeder, der sich (anders als ich) eingehender mit seiner Berufswahl auseinandersetzt, sollte sich dessen bewusst sein. Das Schlimme am

Bullshit-Bingo ist nämlich, dass viele aus meiner Beamtenzunft literweise Benzin ins Klischeefeuer gießen.

Ich bin Zeugin, dass manch einer am letzten Schultag vor den Ferien, die Koffer gepackt, noch vor dem letzten Klingeln zum Flughafen heizt, um natürlich erst am Sonntagabend vor Schulbeginn dort wieder anzukommen und sich dann wiederum am Montag wegen Jetlag krankzumelden. Freie Nachmittage werden auf dem Tennisplatz verbracht. Während der Klausurphase wird ordentlich gejammert und gebattelt, wer in welchem Zeitraum die meisten Prüfungen zu korrigieren hat. Auch hier meine Warnung: Glubscherchen auf bei der Berufswahl!

Ich glaube, viele von uns sind der Meinung, mit ihrer Verbeamtungsurkunde zugleich eine Bescheinigung darüber erhalten zu haben, dass jeglicher Fortschritt sofort gestoppt wird. Auf Lebenszeit. Nie wieder neue Lehrpläne, keine Innovationen im Bereich Didaktik oder gar Methodik, und natürlich (Herr, bewahre!) nie wieder technische Neuerungen. Wenn dem doch so sein sollte, wird gejammert, sich beschwert, und schlimmstenfalls (die Verbeamtung macht es möglich) verweigert man sich völlig.

Noch im Jahr 2015 sah ich einen Kollegen einen antiken VHS-Röhrenfernseher-Wagen durch die Gänge schubsen. Overheadfolien für den Tageslichtprojektor fand ich auch noch lange in unserem Kopierraum. Es werden Themen unterrichtet, die längst nicht mehr Bestandteil der Bildungspläne sind. Oder schlimmer: Themen werden weggelassen, die seit Jahren im Abi geprüft werden.

Und warum? »Hab ich schon immer so gemacht, ändere ich jetzt nicht!«

Das Einzige, was sich über die Jahre bitte gerne ändern darf, ist die Gehaltsstufe. Nach oben, versteht sich. Anders als in »normalen« Berufen müssen wir nämlich nur *eine* Leistung erbringen, um besser bezahlt zu werden: altern! Wer hat nicht schon davon gehört, dass Begeisterung und Einsatzbereitschaft für den Job mit dem Älterwerden exorbitant ansteigen?

Also, woher kommt das klischeebehaftete Bild des deutschen Lehrers? Wer ist Urheber des Was-du-bist-Lehrer-Bullshit-Bingos?

Ich würde sagen, einen großen Teil haben wir Lehrer selbst zu verantworten. Wir stecken uns selbst in die Schublade, die Staat und Gesellschaft für uns zurechtgemacht haben. Auf der anderen Seite ist es gleichwohl schwer, wenn man sich weigert, freiwillig in diese Schublade zu hüpfen.

Meiner Erfahrung nach ist es den Menschen überhaupt nicht recht, wenn man nicht zum Klischee-Abziehbildchen des deutschen Lehrers passt. Das verunsichert. Damit macht man sich außer- und innerhalb der Schule keine Freunde und erntet unsichere, feindselige Blicke, weil man »anders« ist. Weil man sich an der Einführungsveranstaltung für das neue Smartboard nicht der skeptischen Motz- und Jammertirade anschließt, sondern sich einfach auf das neue Technik-Wunderdingens einlässt, das den Unterricht im besten Fall immens bereichert. Und im schlimmsten Fall halt nicht funktioniert. Wovon die pädagogische Welt auch nicht untergeht. Weil man nicht in Panik ausbricht, wenn es für das neue Schulbuch ein paar Monate lang keine Lehrerhandreichung gibt, da den Schulbuchverlagen auf dem Bildungskarussell der Landespolitik schlecht geworden ist, sondern (jetzt Achtung!) ...

... selbst was macht! Hui! Also das tut, was man vor fünf, zehn, zwanzig oder auch dreißig Jahren in der Ausbildung gelernt hat.

Viele Lehrer, auch junge, gebärden sich wie Sterne-Profiköche, verwenden aber ausschließlich Tiefkühlkost oder, noch schlimmer: Fertigprodukte. Wir ärgern uns in Dauerschleife über Schüler, Eltern, die Politik natürlich, Lehrpläne, Konferenzen, Zusatzaufgaben. Nur nicht über uns selbst.

Manchmal sitze ich im Lehrerzimmer, höre dem Gemotze zu und denke darüber nach, was in Schulen passieren könnte, wenn all die negative Energie in positive umgewandelt würde. Die deutsche Lehrerschaft könnte die Welt verändern!

Also los, hopphopp!

Ich komm dann nach, wenn ich herausgefunden habe, wie dieses beschissene Smartboard funktioniert, das schuld daran ist, dass ich seit Monaten keinen vernünftigen Unterricht machen kann. Zum Glück sind bald Ferien. Ich hab endlos viel zu korrigieren!

DER PAWLOWSCHE PENNÄLER
(ALESTORM: ALESTORM FOR DOGS)

Ich habe zwar einige Jahre auf Lehramt studiert (ja gut, mehr als eigentlich üblich), bin danach aber alles andere als Mrs. Superpädagogin gewesen. Das liegt daran, dass man an der Uni – zumindest, wenn man sich für das megaelitäre gymnasiale Lehramt entscheidet – so viel für die Praxis lernt, als trainierte man mit Nintendos *Mario Kart* für die Führerscheinprüfung. Wobei Letzteres im deutschen Straßenverkehr wahrscheinlich sogar super funktionieren würde.

Didaktik oder gar Pädagogik bekommt man während des Studiums nur in homöopathischen Dosen verabreicht. Die beruhigen zwar das Gewissen, bringen am Ende aber … genau, 'nen alten Scheiß!

Deshalb hat sich das gewitzte Kultusministerium in Baden-Württemberg etwas Pfiffiges ausgedacht. Statt die ohnehin eher mäßig motivierte Durchschnittsstudentin während der knapp bemessenen Regelstudienzeit auch noch mit allerlei pädagogischem Krimskrams zu belästigen, pumpt man praktisches Know-how und jegliches alltägliche schulische Handwerkszeug mit einem ausgeklügelten Druckluftverfahren derart schnell ins Hirn der angehenden Möchtegern-Lehrerin, dass man es sogar einrichten konnte, das Referendariat von zwei Jahren auf anderthalb zu verkürzen.

Brillant! Es sei denn, man befindet sich in der Situation der Pressbetankten. Dann ist es simple Folter in Form von Stress, Schlafentzug und Rückenschmerzen. Diese Zeit hätte ich mir immens erleichtert, wenn ich eine meiner bis dato besten Lebensentscheidungen früher getroffen hätte.

Mein Mann und ich sind seit einigen Jahren Hundebesitzer. Kurz nach Fertigstellung des Eigenheims zog ein kleiner Labrador bei uns ein (ja, natürlich ist er schwarz). Vergangenes Jahr kam dann ein nicht ganz so kleiner, aber auch größtenteils schwarzer Rottweiler dazu. Ich weiß, das ist wieder so ein Monsterklischee, das ich bediene. Aber nur weil man bissig aussieht, heißt es noch lange nicht, dass man das auch ist. Für meine Hunde gilt im Übrigen dasselbe. Wobei man sagen muss, dass uns allen ein gesundes Maß an Artgenossen-Aggression innewohnt.

Jetzt kommen wir zu einer der wenigen Sachen, die mir peinlich sind. Wie eine designierte Helikoptermutter habe ich anfangs jedes noch so schäbige Hundeerziehungsbuch gelesen, das ich in die Finger bekam. Doch nach jedem weiteren Ratgeber stellte ich fest: Kommt mir irgendwie bekannt vor.

Hunde. Kinder. Schüler. Überall das gleiche Prinzip. Klassische Konditionierung nach Pawlow! Diese Erkenntnis ersetzte von da an alle gängigen und oftmals unnützen, weil weltfremden Pädagogikregeln, die ich je für die Schule gelernt hatte.

Exkurs für Unkundige: Iwan Pawlows Experiment von 1905 war simpel. Jedes Mal, wenn seine Hunde ihr Futter gereicht bekamen, erklang zeitgleich oder unmittelbar davor eine Glocke. Nach nur wenigen Wiederholungen reichte allein das Klingeln der Glocke, damit die Hunde, in Erwartung eines leckeren Fresschens, anfingen zu sabbern. Sie waren darauf konditioniert, dass es jedes Mal was Tolles gab, wenn die Glocke bimmelte.

Voilà! Klassische Konditionierung. That's all: Übung. Konsequenz. Transparenz. Und vor allem Bestärkung.

Ich brauchte nicht lange, um herauszufinden, dass alles, was bei meinen Hunden funktionierte, auch bei meinen Schülern zog. Im Guten und natürlich auch im Schlechten.

Nein, die Schüler fangen nicht an zu sabbern, wenn's klingelt. Obwohl das manchen durchaus zuzutrauen wäre. Aber sie wissen nach einer Weile, woran sie bei mir sind, was ich von ihnen erwarte, und vor allem, dass ein bestimmtes Verhalten immer bestimmte Folgen hat. Positive oder negative.

Für Hunde gibt es nichts Schlimmeres als Undurchschaubarkeit. Nicht zu wissen, woran sie mit dem Menschen sind, ist schlimm für sie, und unverhältnismäßige Reaktionen verstehen sie nicht. Mit jungen Menschen verhält es sich ähnlich.

Okay, vor allem zu Beginn meines Hundehalterdaseins ging mein Temperament bei der Arbeit öfter mit mir durch. Wobei ein deutliches »Sitz!« nach wie vor effektiver ist als ein Wischiwaschi-»Würdest du dich bitte hinsetzen, Justin, es hat geläutet«. Allerdings sage ich das nicht mehr so oft, seit mich einer mal gefragt hat, ob er auch mit dem Schwanz wedeln solle, wenn er sich freue.

Meine Hundepfeife, die auch der Mensch sehr deutlich hört, ist nach Jahren aber immer noch ein wichtiges Utensil für mich. Nicht nur in der Hundeerziehung. Jeder Sportlehrer weiß, wovon ich rede.

Nach alldem möchte ich Ihnen noch den Satz mitgeben, der mir bei der Hunde- und der Schülererziehung am meisten gebracht hat. Leider vergessen viele Hundehalter (und Pädagogen) ihn gerne: keine Erziehung ohne Beziehung!

Wenn einem der eigene Hund (Schüler) am Arsch vorbeigeht, ist es kein Wunder, wenn man dem Hund (Schüler) irgendwann genauso am Arsch vorbeigeht. Dann wird ihm auch alles am Arsch vorbeigehen, was man zu ihm sagt. Und spätestens dann ist man wo?

Genau! Am Arsch.

Wenn ich es jetzt noch hinbekäme, dass meine Hunde genauso gut auf mich hörten wie meine Schüler … oder war's umgekehrt?

Na ja.

Dafür haaren sie nicht so. Und sind flauschig.

VERSCHLIMMBESSERN FÜR ANFÄNGER
(CLAWFINGER: DO WHAT I SAY)

Meine Entscheidung, dem beruflichen Schulwesen dauerhaft erhalten zu bleiben, fiel wider Erwarten verhältnismäßig fix. An einer Berufsschule bietet sich dem Lehrenden ein nicht von der Hand zu weisender Luxus: kaum bis wenig außerplanmäßiger Elternkontakt. Außerdem sind die meisten Schüler volljährig, oder zumindest nah dran. Dennoch neigen viele Kollegen dazu, einen gravierenden Fehler zu begehen: Sie denken allen Ernstes, ihre Schüler seien erwachsen.

Hehehehe ... hehe.

Das gipfelt in der mehr als lächerlichen Tatsache, dass es an unserer Schule üblich ist, selbst Sechzehnjährige zu siezen. Ich käme nicht im Traum darauf, meine Schüler als erwachsen zu bezeichnen. Beim Gedanken daran, wie ich selbst in ihrem Alter war (und lange danach noch ... ja, okay, auch heute noch!), komme ich auf vieles, aber nicht auf das Wort »erwachsen«.

Und ich sag Ihnen was: Die Schüler *wollen* das gar nicht!

Was ist das auch für eine abstruse Vorstellung? Zehnte Klasse fertig – zack, erwachsen! Und jetzt benimm dich so! Als würde sich das jugendliche Menschenexemplar pünktlich zur Mittleren Reife in einen Kokon einwickeln und beim Eintritt in die Ausbildung als wunderschöner Vernunftsschmetterling wieder hervorgekrochen kommen.

Eher Gegenteiliges ist der Fall.

Also kuck ich oft dabei zu, wie es zu den buntesten pädagogischen Missverständnissen kommt, wenn sich der vermeintlich

Erwachsene noch wie ein Kind verhält. So was! Der deutsche Durchschnitts-Berufsschullehrer antwortet hierauf gern mit dem ihm einzig vertrauten Mittel: Schulrecht, Paragraf 90. Bestrafung. Von Strafarbeiten über klassisches Nachsitzen bis hin zum Schulausschluss ist alles dabei, was das sadistische Lehrerherz erfreut und dem gefolterten Durchschnitts-Problemschüler meist in Maximalgeschwindigkeit quer am Hintern vorbeirauscht.

Praktischerweise ist das Ganze auch noch rechtlich legitimiert. Typisch deutsch. Typisch Berufsschule.

Im Vergleich zu anderen Lehramtsstudenten bekommen angehende »echte« Berufsschullehrer weniger pädagogische Grundausbildung. Also noch weniger als fast nichts. Wieso sollten sie das auch lernen? Ihre Schüler sind schließlich erwachsen!

Hehehehe ... hehe.

Komischerweise reicht dieser Vorzug nicht mehr aus, um genug Lehrkräfte an die Berufsschulen zu locken. Wie Sie sich erinnern, bin nicht mal ich freiwillig dort gelandet. Angesichts des Problemchens hat sich die hiesige Regierung etwas Spannendes ausgedacht – den Lockruf der Lebenszeitverbeamtung für Direkteinsteiger. Oder, wie ich sie nenne: Kanonenfutter. Das Wort »verschlimmbessern« hat selten besser gepasst als zu dieser bildungspolitischen Maßnahme.

»Hey, es fehlen massenhaft Lehrer, und die Schüler werden immer schwieriger! Was können wir dagegen tun?«

»Wie wär's, wenn wir einfach ungelernte Fachidioten mit der Aussicht auf lebenslängliche Verbeamtung und ganz ohne pädagogische Kenntnisse oder Erfahrung unterrichten lassen?«

»Ja, Mensch! Geile Idee! Dann hätten wir das ja gelöst. Hölle, sind wir gut! Komm, lass 'n Bierchen trinken gehen!«

So stelle ich mir die Gespräche im Kultusministerium vor. Anders kann ich mir das nicht erklären.

Ja! Natürlich pauschalisiere ich. Nur leider nicht halb so sehr, wie ich es gerne möchte. Und ja! Ich empfinde es als Affront, wenn ein dahergelaufener Schnösel ankommt und meint, er könne einfach mal so aus der Lamäng Lehrer werden. Ist ja kein echter Beruf. Kann doch jeder.

Es geht mir jedes Mal aufs Neue über die Hutschnur, wenn wir einen Einsteiger der direkten Art bekommen, dem es in der freien Wirtschaft wohl zu mühsam geworden ist. Die Sache wird meist sehr schnell sehr spaßig. Für mich! Prahlen einige zu Beginn noch ausgiebig mit Storys über ihre Erfolge als Führungskraft (ihr Auto beweist es), schlägt die Stimmung rapide um, wenn klar wird, dass weder Schüler noch bedeutend jüngere Kollegen mit bedeutend mehr Berufserfahrung Angestellte sind, die man beliebig herumkommandieren kann. Dazu kommt, dass man in unserem Job durchaus ab und zu arbeiten muss. Vor allem als blutiger Anfänger.

Hier wird mir noch mal bewusst, wie mein Job für Außenstehende aussieht: Man jagt morgens fluffig ein paar Seiten durch den Kopierer, klatscht sie den Schülern hin und wartet dann auf den »Feiermittag«. Und hat natürlich massenhaft gut bezahlten Urlaub.

Denkwürdig sind die Gesichtsentgleisungen, wenn den Neulingen von mehreren gestandenen Kollegen bestätigt wird, dass auch sie zur Vorbereitung von neuem Unterrichtsmaterial viele Stunden brauchen und dass Synergieeffekte sich oft erst nach Jahren einstellen. Also, wenn man es richtig machen will. Einfache Rechnung: Beim Erreichen dieses Zieles können sie quasi in Ruhestand gehen. Na, ob sich das auszahlt?

Respekt zolle ich nicht denen, die sich durchbeißen, obwohl sie eigentlich zu nichts zu gebrauchen sind. Denn das sind immer auch die, unter denen alle am meisten leiden. Und wer bekommt am Ende den Shitstorm ab? Raten Sie mal!

Meine Schüler sind irgendwann auf die Spitzenidee gekommen, sie könnten bei mir alles, *alles,* über meine Kollegen ausplaudern und ich würde es nicht weitererzählen. Manchmal fühle ich mich wie eine Mischung aus unheiliger Beichtmutter und psychologischer Restmülltonne. Aber ich halte mich an mein selbst auferlegtes Schweigegelübde. Meistens.

Wirklichen Respekt verdienen die Rohrkrepierer, die zugeben, dass sie welche sind. Egal, ob Direkteinsteiger, Referendar oder »fertiger« Lehrer.

Und jetzt ein Tipp für diejenigen, die damit liebäugeln, Lehrer zu werden, weil sie selbst so gerne zur Schule gegangen sind, vorbildliche Schüler waren und (außer dass sie vielleicht als Streber gehänselt wurden) nie Probleme hatten: SCHEISSE NOCH MAL! VERDAMMT! LASSEN SIE ES SEIN!

Solche Ex-Vorzeigeschüler haben in ihrer Schulzeit an der Realität vorbeigelebt, nie schlechte Noten bekommen, mit Lehrern Beef ausgetragen oder geschwänzt, sind nie aus der Reihe getanzt, nie frech geworden. Sie benehmen sich als Lehrer oft wie die zweihändige Streitaxt im pädagogischen Wald. Statt sich in »verhaltenskreative« Schüler hineinzuversetzen und gegebenenfalls mal zu fragen »Warum benimmst du dich gerade wie ein grandioses Stück Scheiße?«, reagieren empathisch Minderbemittelte mit dem üblichen Strafenkatalog, wie ihn das Schulgesetz in all seiner unheiligen Pracht bietet. So wird oft zielsicher mit Granaten auf Kanarienvögel geballert.

Einer meiner Ausbildungslehrer sagte im Referendariat mal augenzwinkernd zu mir: »Die schlimmsten Schüler werden oft die besten Lehrer.«

Wenn das stimmt, müsste ich eine sehr gute Lehrerin sein. Aber der Schuh ist mir wahrlich zu groß.

Fakt ist nämlich auch: Müsste ich heute mein sechzehnjähriges Ich unterrichten – ich wäre so was von gefickt!

LEIDENSCHAFT, DIE LEIDEN SCHAFFT
(DANZIG: MOTHER)

Es gibt Lehrer, die brennen leidenschaftlich für ihre Fächer.
Und dann gibt es noch mich.
Ich lasse mir Goethes *Faust* und Artikel 1 GG auf die Arme tackern. Kein Scherz!
Ja, ich sehe inzwischen ein bisschen so aus, als wäre ich in einen Nadeldrucker gefallen. Dabei sind all meine Bildchen nicht nur dauerhaft, sondern auch didaktisch wertvoll. Im Gegensatz zu anderen, sinnbefreiten Tätowierungen lernen die Menschen was, wenn sie mich anstarren. Und das tun sie!
Tattoos sind, zumindest auf dem Land, ein prima Sozialschutzschild. Wenn ich keinen Bock auf eine bestimmte Art Mensch habe (betrifft in meiner Freizeit fast alle), muss ich nur kurzärmelig aus dem Haus gehen. Als fleischgewordener Arschlochdetektor sozusagen.
Besonders beeindruckend und ergebnisreich ist das Sozialexperiment im Supermarkt vor Ort. Dort gibt es eine Verkäuferin, die ich »Hühnergesicht« nenne, weil sie – nun ja, eben ein Hühnergesicht hat. Bin ich gesellschaftlich halbwegs konform gekleidet, ist sie so freundlich, dass mir die Galle hochkommt. Das ist nicht mal aufgesetzte US-amerikanische Verkäuferfreundlichkeit. So was ist mir in Deutschland ohnehin noch nie begegnet. Deutsche Verkäufer sind echt! Also meist unfreundlich, aber echt. Muss man ihnen lassen. Nein, Hühnergesichts Freundlichkeit ist eine ehrliche, leicht naive Freundlichkeit, wie sie Menschen zu eigen ist, die sich über nichts wirklich Gedanken machen und die deshalb einfach immer gut gelaunt sind.

Es sei denn, ich trage Kurzarm! Dann gefriert das Hühnergesicht und spricht kein Wort, außer dem Betrag, den ich zu löhnen habe. Wahnsinnig amüsant.

Viele Kollegen reagieren übrigens ähnlich. Obwohl sie nicht an der Kasse arbeiten. Auch das amüsiert mich königlich. Mir fallen spontan einige ein, die hektisch die Straßenseite wechseln würden, wenn sie jemandem wie mir außerhalb der Schule begegnen würden. Leider kennen mich mittlerweile die meisten und wissen, dass ich weit ungefährlicher bin, als ich aussehe. Zumindest lasse ich sie in dem Glauben.

Schüler reagieren ganz anders. Was auch daran liegen mag, dass inzwischen sehr viele selbst tätowiert sind. Und da fängt mein Elend mitunter an.

Nur weil ich selbst aussehe, als wäre ich oberste Vorsitzende im *Sons-of-Anarchy*-Fanclub, heißt das noch lange nicht, dass ich die Tattoos meiner Schüler uneingeschränkt abfeiere. Ich sehe fast täglich Motive an Stellen, die in der Form dort (noch) nichts verloren haben. Die zeugen normalerweise davon, dass die Träger selbst nicht mehr allzu viel zu verlieren haben.

Das wiederum ist jetzt ein wirklich widerwärtiges Armutszeugnis, das ich mir selbst ausstellen muss. Wenn sogar ich derlei denke, was denken dann erst die ganzen Arschlöcher, die Menschen nach ihrer (in diesem Fall selbst gewählten) Hautfarbe beurteilen?

Leider habe ich meine Schüler noch nicht dazu gebracht, mich im Vorfeld um Rat zu fragen. Deshalb muss ich mir sehr viele sehr schlecht gestochene Tattoos an sehr exponierten Körperstellen ankucken. Ich bin mir beispielsweise nicht sicher, was sich Torsten im ersten Lehrjahr davon versprochen hatte, sich einen Galgenstrick auf den Hals stechen zu lassen. Und ich musste mir auf die Zunge beißen, bis es blutete, als ich in Ronjas Nacken kurz nach Erlangung ihrer Volljährigkeit ein Aggro-Berlin-Logo vorfand. Von ihrem Musikgeschmack ganz abgesehen.

Andererseits: Mir hätte es in diesem Alter genauso ergehen können. Wäre die Furcht vor der Wut meiner Mutter nicht so groß gewesen, hätte aus dem ersten kleinen Nullachtfünfzehn-Tribal auf der Schulter etwas weitaus Fataleres werden können. Witzigerweise war Mutters größte Angst damals immer, ich könnte mich heimlich piercen lassen. Als sie dann, ebenfalls klassisch, nach meinem achtzehnten Geburtstag das (wirklich kleine) Elend sah, sagte sie nur: »Warum, um Himmels willen, hast du dich nicht piercen lassen? Das hätte man wenigstens wieder rausmachen können!«

Hach ja. Wie man's macht, macht man's falsch.

So oder so hat sie danach zwei Wochen lang kein Wort mit mir gesprochen. War auch mal ganz nett. Hat mich aber nicht davon abgehalten, weitere und vor allem viel, viel größere »Dummheiten« zu begehen. Inzwischen, mit Ende dreißig, tue ich meiner Mutter den Gefallen und trage lange Ärmel, wenn ich sie besuche. Ist schließlich Mutti.

Genau deshalb halte ich gegenüber Schülern auch gepflegt die Schnauze. Wenn nicht mal deren Muttis was ausrichten können, was maße ich mir da an?

Immerhin konnte ich den ein oder anderen vor einer hammermäßigen permanenten Peinlichkeit bewahren. Manche Schüler bringen mir ihre Tattoo-Texte inzwischen zur Korrektur, *bevor* sie sich das Ganze als grammatikalisches und/oder orthografisches Desaster für die Ewigkeit einritzen lassen.

Und da sich die Problematik mit den intoleranten Arschlöchern in den kommenden Jahren ohnehin altersbedingt (also auf natürliche Weise) erledigen wird, blicke ich in eine rosige Zukunft. Auch für diejenigen, die sich das Motiv oder die Stelle einer ersten Jugendsünde vielleicht nicht ganz so gut überlegt haben.

Und wenn alle Galgenstricke reißen, können sie ja immer noch Lehrer werden.

VORSICHT, BISSIG!
(POWERWOLF: DEMONS ARE A GIRL'S BEST FRIEND)

Es ist offiziell: Ich beiße.
Kein Scheiß!
Zumindest hat mein Zahnarzt mir das bestätigt, als ich ihn vergangenes Jahr gezwungenermaßen aufsuchte. Ich bekam nämlich kaum noch die Fressleiste auf. Nach wenigen Zentimetern knackte mein Kiefer, als würde ich einen Knallfrosch in den Backen beherbergen.
Anscheinend verfolgen mich im Schlaf irgendwelche Dämonen, die sich mir allerdings noch nie offiziell vorgestellt haben. Und meine verbliebenen animalischen Instinkte, überzeugt, ich müsse die Bedrohung mit meinen Zähnen vertreiben, schalten einfach auf Autopiloten um. In Absprache mit meinem Unterbewusstsein entwickelt sich dann ein Dialog der folgenden Art:

»Was weiß die Alte schon. Die immer mit ihrem Verstand. Komm schon, Unterbewusstsein. Irgendwo finden wir schon irgendeinen Psychokram, der die belastet.«
»Klar, Mann. Moment, ich geh kurz auf Tauchstation ... Okay, was hätten wir denn da? Frühzeitiger Tod des Vaters! Perfekt! Unerfüllte Erwartungen der Mutter! Fantastisch! Außergewöhnliche Nonkonformität innerhalb des beruflichen Umfelds? Nee, taugt nix ... Aber Moment, hier ist noch was: nervende Kollegen und Schüler, die einem das Leben unnötig schwer machen! Das reicht für die nächsten dreißig Jahre!«
In Wachphasen schaltet sich kurz der Verstand ein: »Das kann gar nicht sein. Psychische Belastung? So 'n Quark! Sie macht

dreimal die Woche Sport. Cardio! Krafttraining! Inzwischen sogar Yoga! (Eso-Scheiße, aber für den Rücken: prima.) Dazu viel frische Luft beim Spazierengehen mit den Hunden. Wenn das kein Ausgleich ist! Psychische Belastung – dass ich nicht lache ...«
»Halt's Maul!«, quäkt das Unterbewusstsein und sucht weiter, während die Kampfinstinkte munter voranbeißen.

Vielleicht passiert das alles einfach, wenn man sein Maul zu weit aufreißt (das wird's sein!). Da ich dazu aber weiterhin in der Lage sein wollte, blieb mir nichts anderes übrig als: Zahnarzt.
Mein persönlicher Endgegner.
Obwohl oder vielleicht auch weil ich noch nie großartige Probleme im oralen Bereich hatte, habe ich panische Angst davor. Mein Plan für die Zukunft war allerdings, weiterhin feste Nahrung zu mir zu nehmen. Also musste etwas passieren. Schnell.
Zum Glück hat man als Lehrerin einen sagenhaften Vorteil, Stichwort Termine. Wegen der vielen Ferien hat man die Möglichkeit, auch mal vormittags Onkel oder Tante Dok zu besuchen. Ich schleife meinen Lehrkörper meist in den Sommerferien zum regulären Body-TÜV. Frauenarzt, Augenarzt ... und jetzt eben zum Zahnarzt.
In den ersten Berufsjahren haben Arztbesuche mich durchaus Überwindung gekostet, denn ich gehöre als verbeamtete Staatsdienerin zur elitären Gemeinschaft der Zwangsprivatversicherten.
Normalerweise gibt es in Wartezimmern von Arztpraxen ja immer eine gewisse Leidensgemeinschaft. Man sitzt zusammen mit anderen Menschen, die auch lieber woanders wären, und sinniert empathisch (vielleicht auch ein bisschen gehässig) darüber, ob es die arme Sau, die einem gegenübersitzt, vielleicht noch schlimmer erwischt hat als einen selbst. Je länger man sitzt, desto stärker das Band der Verbrüderung.

Außer du bist privatversichert. Dann hassen dich alle. Beim Rest der leidend Wartenden führt dein Erscheinen zwar zu einem noch stärkeren Gemeinschaftsgefühl, für dich ist das aber eher unangenehm. Meine Theorie: Privatversicherte kommen nur deshalb schneller dran, weil sie sonst einem blutigen Ritualmord zum Opfer fallen würden.

Wobei das so gar nicht stimmt. Zumindest ich bin noch nie früher an die Reihe gekommen. Ich finde das theoretisch auch gut so. Trotzdem wäre ich ob der mordlüsternen Blicke ab und an ein bisschen froh darüber.

Schon beim Betreten einer Praxis versuche ich mein Privatversichertendasein möglichst geheim zu halten. Zum Glück gibt es vor jedem Anmeldetresen jene rote oder weiße »Diskretionslinie«, die dazu dient, die Privatsphäre des Patienten zu wahren. Sie wissen schon! Diese Linie, die alle ignorieren, indem sie sich so nah hinter einen stellen, dass man sich wegen deren Krankheiten gleich noch mitbehandeln lassen muss. Sollte sich doch einmal einer an die Linie halten, erledigt die mitteilungsbedürftige Praxisgehilfin den Rest.

Wie in meinem Fall.

Ich: »Guten Morgen, ich hab gleich einen Termin wegen meines Kieferknackens.«

Arzthelferin (in ihren PC, dann wieder zu mir kuckend): »Ja, gut. Aber ich bräuchte noch Ihr Versicherungskärtchen.«

Ich (leise nuschelnd und um mich blickend, als ob ich die peinlichste Geschlechtskrankheit der Welt preisgeben müsste): »Ich hab keine, ich bin, ähm, ich bin privatversichert.«

Sie (in einer Lautstärke, dass selbst der fast taube Veteran im hintersten Eck noch alles verstand): »Ach ja, richtig, SIE SIND PRIVATVERSICHERT! Hier steht's ja!«

Danke auch.

Jetzt schauten mich alle anderen Patienten an, als entstammte ich den Kreisen um Charles Manson. Dabei hätte ich nur zu gerne mit ihnen getauscht. Also, nicht was Krankheiten, aber was Krankenkassen anging.

Seit meinem Zwangswechsel ins private Versicherungswesen hat sich meine Angst vorm Zahnarzt potenziert. Ich bin nämlich keine gewöhnliche Patientin mehr, sondern ein wandelndes Sparschweinchen. Besser gesagt, ein wandelndes Spar-IGEL-chen. Der Begriff »Individuelle Gesundheitsleistung« schwebt bei jedem Arztbesuch als riesige Denkblase über den Köpfen der Mediziner. Ihre Augen glänzen gierig, und manche sabbern sogar vor Freude.

Deswegen war ich auch froh, bei meinem Zahnarzt an einen der Guten geraten zu sein. Hoffte ich zumindest.

Seine Diagnose zu meinem geräuschvollen Gesicht war jedoch höchst seltsam: »Du arbeitest im Schlaf anscheinend mehr als am Tag!«

Er duzt mich. Das liegt nicht nur daran, dass er sehr gut an mir verdient. Er ist Schwede (was ich ja an sich schon cool finde), und Schweden duzen bekanntlich alles, was nicht bei drei aus der EU ausgetreten ist.

»Bist du oft gestresst?«, fragte er dann.

Meine Antwort, »Na ja, ich bin Lehrerin«, ließ (im Nachhinein betrachtet) vielleicht etwas viel Interpretationsspielraum. Zudem waren gerade Sommerferien. Also eine ziemlich stressfreie Zeit. Aber das eingangs erwähnte Unterbewusstsein war eben der Ansicht, ich müsse des Nachts die Beißerchen so fest zusammendrücken, dass selbst mein Rottweiler vor Neid erblassen würde.

Der Zahnarzt sagte, eine Aufbiss-Schiene müsse her.

Und da war es, das Trauma meiner Kindheit. Die Ursache meiner Dentalmedizin-Phobie sind – Kieferabdrücke.

Für alle, die nie in den Genuss der jahrelangen Zahnspangenfolter gekommen sind, hier eine Zusammenfassung, wie die Fertigung eines Zahnreihenabdrucks abläuft: Der Zahnarzt rammt dir mit ordentlich Schmackes einen mit Fugenkitt beschmierten Backstein so weit in den Rachen, dass du eigentlich kotzen müsstest, wenn du nicht damit beschäftigt wärst, nicht zu ersticken. Nach gefühlt einer Stunde, also zwei Minuten, ist der ehemals weiche Pamps dermaßen ausgehärtet, dass es sich beim Entfernen anfühlt, als würden dir alle Zähne auf einmal rausgerissen. Im Anschluss wirft Onkel Dok einen prüfenden Blick auf sein Werk und stellt fest: »Unsauber! Müssen wir noch mal machen.«

Auf solcherlei Art gedemütigt, aber immerhin ohne mich erbrochen zu haben und im Besitz all meiner Zähne, stand ich nach der Untersuchung wieder am Tresen, um mir einen Folgetermin geben zu lassen.

Madame Diskret brüllte mir fröhlich entgegen: »Wann passt's Ihnen denn? Ach, ich sehe grade, es sind ja SOMMERFERIEN! Da sind Sie ja flexibel, stimmt's? Sie sind doch LEHRERIN, oder?«

»Ähm, ja, flexibel. Lehrerin. Immer doch.«

Beim Verlassen der Praxis warf ich einen Blick ins immer noch volle Wartezimmer. Und mir war sofort klar: Jetzt hassten sie mich wirklich alle.

THOR HASST NAZIS
(Amon Amarth: Twilight of the Thunder God)

Seit frühester Kindheit interessiere ich mich exorbitant für nordische Mythologie. Alles begann – wie sollte es anders sein – mit Fernsehkucken. Genauer gesagt mit dem dänischen Zeichentrickfilm *Walhalla* aus dem Jahre 1986. (Nebenher etwas Nerdwissen: Deutscher Synchronsprecher von Odin und Thor war der grandiose Christopher Lee, der von Loki Hans Clarin.) Ich kann nicht einmal sagen, warum mich dieser Film so nachhaltig beeindruckt hat. Aber mein Interesse hielt sich hartnäckig und öffnete die Tore zu einer Leidenschaft für allerlei literarische Fantastik und Mystik. Das Studium ermöglichte es, mich eingehender mit der Thematik auseinanderzusetzen. Und so ergab es sich, dass ich mich in der Unibibliothek zuweilen mehr in Bücher von Rudolf Simek vertiefte als in deutsche Grammatik oder moderne Literaturwissenschaft.

Falls Sie in der Materie eher wenig bewandert sind, empfehle ich Ihnen, dieses Buch kurz beiseitezulegen, den Film *Walhalla* zu schauen (gerne mit Kindern, wenn verfügbar) und zudem die bisherigen Staffeln der Serie *Vikings* (besser ohne Kinder!), dann sind wir wieder grob auf einem Level.

Ansonsten könnte es nämlich, wenn Sie mir im Hochsommer begegnen, zu kolossalen Missverständnissen kommen. Denn ich trage auf dem Oberarm seit inzwischen fünfzehn Jahren einen Thorshammer. Und ich höre wirklich gerne Pagan Metal. Also das Geschranzel, welches sich textlich genau dieser Thematik widmet.

Und jetzt kommt's: Trotz alledem bin ich kein Nazi.

Es tut mir überhaupt nicht leid, wenn ich jetzt ihr kleines, sauber gerahmtes Weltbild auf Blümchentapete zerstört habe.

Es macht mich allerdings scheißwütend und auch ein bisschen traurig, dass ich das immer extra dazusagen muss.

Bilder von Nazi-AfD-Demos (ja, ich verwende die Begriffe absichtlich zusammen!) verursachen mir seelische und körperliche Schmerzen. Weil Anhänger der politischen Rechten genau das verkörpern, wogegen ich mich mit all meiner wenigen Macht stemme. Aber auch, weil es oft diese minderbemittelten Flachwichser sind, die etwas in den braunen Dreck ziehen, was mir persönlich am Herzen liegt. Deshalb möchte ich hier ein für alle Mal mit einem weit verbreiteten Irrglauben aufräumen: Thor ist kein Nazi! War er nie. Und Odin würde sich vermutlich sein verbliebenes Auge ausmeißeln, wenn er gesehen hätte, was manche im Laufe der Geschichte mit seinesgleichen veranstaltet haben.

Doch nicht jeder Mensch, der einen Thorshammer trägt, ist ein Nazi. Umso schlimmer ist es für mich, wenn braunes Gesocks die Symbole der nordisch-germanischen Mythologie für seinen völkischen Dreck missbraucht.

In der oftmals skandinavisch angehauchten Metal-Szene ist das Tragen solcher Symbole durchaus üblich und sollte nichts mit der politischen Überzeugung zu tun haben. Übel, wenn es doch so ist. Braune Schafe gibt es überall, und leider werden es immer mehr. Wenige reichen schon aus, um spannende Themen wie die nordische Mythologie zu einem politischen Minenfeld zu machen. Sodass ich mich rechtfertigen muss, nur weil gerade ich mich für Odin und Co. interessiere.

Aber Sie kennen mich ja. Das lasse ich mir von den Nazis nicht kaputtmachen.

Hier meine Botschaft an alle, die denken, ihr strammes Deutschtum hätte irgendetwas mit Wikingern oder Germanen zu tun: Thor würde euch mit seinem Hammer das braune Hirn rausbolzen! Keiner von euch Wichsern kommt nach Walhalla!

GOETHE BREAKING BAD
(Samael: Ceremony of Opposites)

Was literarische und filmische Unterhaltung angeht, bin ich ein bisschen wie Goethes Faust – alt und verbittert.

Quatsch! Unentschlossen. So kann ich den *Faust* (und andere Werke dieser Fasson) gut verstehen und deuten. Das hält mich aber keineswegs davon ab, mich ebenso gern mit Horror oder Comedy zu beschäftigen. Ich mag Dokus und Arthouse-Kino. Aber auch Comic-Verfilmungen und Fantasy. Mir erschließt sich nicht, warum sich das gegenseitig ausschließen sollte. Ich bin sogar sehr davon überzeugt, dass Menschen wie Goethe, Schiller oder Büchner selbst große Fans der Popkultur wären, würden sie heute noch unter uns wandeln. Okay, das wäre unheimlich, aber Sie wissen, was ich meine …

Manchmal kommen sich mein Lehrersein und meine Leidenschaft für Triviales aber auch ins Gehege. Zum Beispiel hinterfrage und beurteile ich automatisch die Konzepte von TV-Pädagogen. Ich kann nix dagegen tun. Sobald ich was mit Schule sehe, bin ich reflexartig getriggert, was bei der *Feuerzangenbowle* schon albern ist, aber spätestens bei *Breaking Bad* lächerlich wird. So denke ich beispielsweise: »Also, wenn ich Walter White wäre, würde ich ab und zu mal Gruppenarbeit machen. Und das mit dem Meth-Kochen ist doch ein prima Lebensweltbezug! DAS würde die Kids mal wirklich interessieren!«

Ob es Leuten in anderen Berufen auch so geht?

Sitzt ein Kriminalbeamter sonntags vorm *Tatort* und lästert: »Also, den Fall hätte ich schon vor 'ner halben Stunde gelöst. ICH hätte das Verhör taktisch völlig anders aufgebaut!«? Stöhnt ein Chirurg beim *Emergency-Room*-Kucken: »Boah! Dass der Patient in der Notaufnahme sofort behandelt wird! Voll unrealistisch! In Wirklichkeit wäre er wegen Überarbeitung des Krankenhauspersonals jämmerlich verreckt!«?

Andererseits komme ich mir in der Schule oft vor wie im (falschen) Film. Besonders mit Blick auf einige Kollegen, die man wegen ihres Aussehens, Verhaltens oder beidem astrein durch fiktive Persönlichkeiten ersetzen könnte.

Da wären zum einen die waschechten Mathematiker, die den Eindruck erwecken, als kämen sie direkt aus dem Film *Liebling, ich habe die Kinder geschrumpft*. Nun ist gegen zerstreute Wissenschaftler per se ja nichts einzuwenden, sind sie doch in der Regel genauso brillant wie verwirrt. Schickt man sie jedoch in einen Raum voller Jugendlicher, prallen Lebenswelten aufeinander. Und es entsteht augenblicklich ein Verständnisvakuum der Extraklasse.

Oder manche weiblichen Wesen. Stimmen so durchdringend wie Kirchenorgeln, durch mehrere Wände deutlich vernehmbar und in der Regel im Dauerbetrieb. Unterbrechungen strikt verboten. Zudem unbelehrbar und leicht reizbar. Als hätte man Dolores Umbridge mit Cersei Lannister gekreuzt. Gruselig.

Nicht zu vergessen die Exemplare der Kategorie »Selbstgespräch«. Keiner will wirklich was mit ihnen zu tun haben, deshalb reden sie mit sich selbst. Eindeutig Gollum.

Ich könnte noch seitenlang fortfahren. Mach ich aber nicht.

Was mich an dieser Betrachtung beunruhigt: Fiktive Charaktere sind, na ja, fiktiv eben. Wenn ich sie nicht mehr sehen will, schalte ich den Fernseher aus. Das Gesabbel echter Menschen kann man nicht wegschalten. Nicht mal vorspulen. Augen zumachen bringt auch nix. Glauben Sie mir, ich hab's versucht.

Wobei der Filmvergleich hinkt. Immerhin treten wir Lehrer täglich live vor Publikum auf. Auch wenn Letzteres nicht ganz freiwillig der Show beiwohnt. Okay, Erstere manchmal auch nicht.

Genau betrachtet ähnelt unser Beruf also eher dem des Bühnenunterhalters. Nehmen wir zum Vergleich mal die klassische Stand-up-Comedy. Ich bin der Meinung: Jeder Lehrer bedarf einer Grundausbildung in Bühnenkunst dieser Art, denn die Überschneidungen sind immens.

Klar ist zum Beispiel, dass erste Auftritte am Anfang der Karriere ordentlich verkackt werden. Es fehlt einfach an Bühnenerfahrung. Hat man sein Programm mehrfach wiederholt, geschliffen, pointiert, mit sauberen Punchlines versehen und Persönlichkeit sowie Bühnenpräsenz entwickelt, braucht es noch acht bis zehn Jahre, bis man vor dem oft schwierigen Publikum einigermaßen sicher dasteht und vor allem einigermaßen gut ankommt. Trotzdem verkackt man ab und zu noch. Das Problem: Das Publikum ist drei Jahre lang wöchentlich dasselbe. Um sich dessen Anerkennung und Wohlwollen zu sichern, muss man hart arbeiten. Applaus gibt's auch eher selten. Dafür wird ganz ordentlich bezahlt.

Sehr ärgerlich ist es, wenn Newcomer sich aufführen, als wären sie die Könige der Schulbühne. Diese Einstellung hält ein paar Wochen, bis sie merken, dass sie gar nicht das Maß aller pädagogisch-didaktischen Dinge sind. Sondern – auf gut Deutsch – verkacken. Neu ist aber seit ein paar Jahren die Denke, dass sie die Gründe dafür nicht in der eigenen Unerfahrenheit suchen, sondern (wo sonst?) beim Publikum. Oder, noch besser: bei den Kollegen, die angeblich zu wenig helfen.

Interessant wird dieser Gedankengang, wenn man ihn logisch weiterführt: Wie, zum Geier, soll ich meine Schüler zu eigenverantwortlichen und selbstständigen Individuen erziehen, wenn ich selbst nicht in der Lage bin, meinen eigenen Jahres-Stoffverteilungsplan zu entwerfen? Wie sieht das denn aus, wenn ich meine Schüler anblaffe, weil sie zu blöd sind, basale Infos eigenständig zu recherchieren, und mich im nächsten Moment flennend auf den Boden schmeiße, weil mich keiner an die Hand genommen und mir gezeigt hat, wo die neuen Lehrpläne zu finden sind?

Sie finden das albern? Passiert mit dem Paukernachwuchs seit ein paar Jahren regelmäßig.

Während meinereiner vor zehn Jahren noch voller Ehrerbietung zu den altgedienten Kollegen aufgeschaut hat (mit »altgedient« meine ich alle, die länger als ich an der Schule sind), kommen die Grünschnabel-Exreferendare heute mit einer Anspruchshaltung und Humorlosigkeit daher, als wäre es eine Zumutung und hochgradige Demütigung, wenn nicht jede Kleinigkeit auf dem Silbertablett serviert wird.

Ich halte mich auch nach zehn Jahren keineswegs für eine perfekte Lehrerin. Das meine ich jetzt ausnahmsweise völlig ernst.

Auch heute noch rächen sich die Wissenslücken, die ich mir im Studium selbst gestanzt habe, weil ich Soziolinguistik, Sprachgeschichte und *World of Warcraft* viel spannender fand als Grammatik und Kommasetzung. Ich weiß das und versuche, diese Lücken zu stopfen. Und ja, ich weiß auch, dass das mit *Breaking Bad* und *Game of Thrones* nur so halb funktioniert. Aber manchmal (okay, meistens) macht Netflix einfach mehr Spaß als Reclam. Und Spaß zu haben ist doch am Ende das Wichtigste, wenn man anderen was beibringen will, oder?

Manchmal frage ich mich, wie eine Serie über mich wohl aussehen würde. Aber wahrscheinlich würde die gar niemand kucken. Viel zu unrealistisch.

VOLL VERSTRAHLT
(Avatar: Smells Like a Freakshow)

Blödeste Kombination ever? Schwarze Klamotten und weiße Kreide!

Aus diesem Grund bin ich ungemein dankbar dafür, dass die Digitalisierung vor geraumer Zeit Einzug in meine Schule gehalten hat. Zumindest partiell.

Dank Dokumentenkameras, Computern und Beamern in jedem Klassenraum muss ich Kreide nur in absoluten Notfällen berühren. Gut, manchmal benutze ich die Tafel, um die Schüler zu nerven, die gerade dem berühmten »Tafeldienst« zugeteilt sind. Den gibt es kurioserweise immer noch. Ja, auch im 21. Jahrhundert werden Schüler noch genötigt, Tafeln mit einem widerlichen Ding zu reinigen, das vielleicht vor Generationen mal ein Schwamm war, nun aber einem schimmligen Stück Emmentaler in Geruch und Äußerem nahekommt!

Jetzt fragen Sie sich sicher, warum das bei solch vorbildlicher Ausstattung sein muss.

Ganz einfach: Gehen Sie im Kopf Ihre bucklige Verwandtschaft durch. Ich bin mir sicher, dass Sie mehrere grantige Opas, Onkels, Tanten und so weiter haben, die jedwede technische Neuerung als Teufelswerk verdammen. In den Augen solcher Angehöriger sind selbst Taschenrechner satanisch. Von Computern oder dem Internet braucht man gar nicht anzufangen.

Dann gibt es wiederum in jeder Familie Menschen, die jeden digitalen Scheiß mitmachen, alles Neue hypen … aber ums Verrecken nicht damit umgehen können. Technik wird durch ihre bloße Anwesenheit zum Abschmieren gebracht. Am Ende rufen sie dann immer bei dem einen Verwandten an, der Ahnung hat und der es am Ende richten muss.

Ein deutsches Lehrerkollegium müssen Sie sich wie eine sehr große, sehr bucklige Verwandtschaft vorstellen. Von »Wie – das braucht Strom?« bis »Das Tablet ist die Verlängerung meines Arms und mein Hirn ist mit der Cloud vernetzt!« ist alles vertreten. Wobei der erstgenannte Typus allmählich ausstirbt und der letztere noch selten vorkommt.

Ich würde mich wirklich gerne zur hippen Tablet-Cloud-Gruppe zählen, aber aus irgendeinem Grund mögen Computer mich nicht immer. Meistens kommen wir prima miteinander klar. Und dann gibt es wieder so Momente ...

Legendär sind meine etwas lauteren Streitgespräche mit den neuen Smartboards, überdimensionalen weißen Computerungetümen in Tafelgröße, deren Kosten-Nutzen-Verhältnis sich mir noch nicht zur Gänze erschlossen hat. Allerdings sorgen diese Teile für mehr Transparenz in der Beziehung zwischen Schülern und Lehrer. Denn alles, wirklich alles, was man bisher auf dem Lehrerpult verstecken konnte, wird nun – wenn man nicht umsichtig agiert – in Monstergröße an die Wand geklatscht, sodass auch der letzte Lümmel in der hintersten Bank es sieht. Das kann peinlich werden. Für alle Beteiligten! Mehr möchte ich dazu nicht sagen.

Trotzdem: Technik ist super. Alles ist super im Vergleich zu Tafelkreide und Overheadprojektoren, die bei regelmäßigem Gebrauch zu Staublunge und Erblindung führen. Deshalb lebe ich ganz gut mit meinen kleinen digitalen Aussetzern. Und die Rückschrittlichkeit mancher Kollegen führt zu unterhaltsamen Momenten.

Unsere Schule nutzt bereits seit Jahren eine digitale Informationsplattform, auf der sämtliche Neuigkeiten seitens der Chefetage (mehr oder weniger) zuverlässig gepostet werden. Spart Unmengen von Papier. Prima Sache – außer man weigert sich, das Internet zu nutzen, dann ist es eher doof. Dann verpasst man vielleicht eine wichtige Konferenz. Aber dass da eine war, hat einem ja auch keiner gesagt. Dabei hat man den ganzen Tag auf die Brieftaube gewartet.

Witzig sind auch die Synchronisations-Missverständnisse, die wegen unseres digitalen Stundenplans aufkommen. Die zugehörige Smartphone-App erlaubt sich ab und an ein Späßchen und markiert Unterrichtsstunden mit »entfällt«. Steht man dann ohne Schüler im Klassenraum, kann man nicht mal auf jemanden sauer sein.

Sauer hätte ich werden müssen, als ich einmal ein Klassenzimmer betrat und Schüler den Beamer gerade als Projektionsfläche für einen Ego-Shooter nutzten, den sie nach Alterskennzeichnung gar nicht hätten besitzen dürfen. Allerdings nahm der Gedanke, warum ich selbst noch nie auf diese Idee gekommen war, zu viel Platz in meinem Hirn ein, um wirklich böse sein zu können.

Wirklich grotesk war ein Erlebnis, als ich in meiner Funktion als Fachbereichsvorsitzende (an mir hängen geblieben, weil ich die Einzige war, die auf die Frage, wer's macht, nicht aktiv verneint hat – aber hey, ich bin wichtig!) einmal per Mail eine Frage an die Kollegen richtete. Am nächsten Tag lag, ohne Scheiß, ein handschriftlicher Zettel auf meinem Platz. Mit der Antwort auf ebenjene Frage, die ich – ich wiederhole – per E-Mail verschickt hatte.

Besagte Kollegin hatte sich also vor den Rechner gesetzt. Selbigen eingeschaltet. Ihr E-Mail-Postfach geöffnet. Meine Nachricht gelesen (und zum Teil wohl auch verstanden). Das Postfach wieder geschlossen. Den Computer ausgeschaltet. Mir dann *mit Stift und Papier* eine Antwort geschrieben. Ihr Lehrerzimmer verlassen. Zwei Stockwerke überwunden. Mein Lehrerzimmer aufgesucht. Und mir den Zettel auf den Platz gelegt …

Der Gipfel der Lächerlichkeit war jedoch, als mir erklärt wurde, warum wir im Schulgebäude immer noch nicht überall voll funktionsfähiges WLAN haben. Eine Ungeheuerlichkeit, die mich im Zeitalter der Tablets und Smartboards immer wieder aufregt. Immerhin kostet meine Schüler und mich das jede Menge monatliches Datenvolumen. Noch vor meiner Zeit war darüber abgestimmt worden. Die Mehrzahl der grantigen Opas hatte dagegen gestimmt: »Wegen der Strahlung!«

Vor Lachen wäre mir beinahe mein Tablet abgestürzt.

Ja, drückt denen der Aluhut, oder was?

Tatsächlich sträuben sich nach wie vor Kollegen gegen die WLAN-Verstärker, die man bräuchte, um ein halbwegs nutzbares Netz im Schulgebäude zu etablieren. Das sind genau die Kollegen, denen es seit Äonen schnurzpiepegal ist, dass unsere Kopierer in luftdichten Räumen stehen. Ohne Fenster. Tonerstaub ist nachweislich das Gegenteil von gesund. Scheinbar kein Argument gegen das allmächtige »Machen wir schon immer so!«. Da werden lieber täglich ehemalige Wälder bedruckt (ich nehme mich da nicht aus), weil für digitale Medien weder Netz noch Willen vorhanden ist.

Als Kollegin D. bei einem Versuch, die Tonerkartusche zu reparieren, ebenjenes Teil in die Mimik explodierte, hoffte ich, es gäbe ein Umdenken. Okay, Kollegin D. ist nix passiert. Sie bekam nur ein Gratis-Umstyling zur Schornsteinfegerin. Und ja, ich war eine von denen, die darüber am lautesten gelacht haben. Aber mit Tablet und ordentlichem WLAN wäre das nicht so gelaufen.

Mein Vorschlag: auf der nächsten Konferenz noch mal darüber abstimmen. Die grantigen Opas bekommen den Termin sowieso nicht mit.

Und damit alle sich besser fühlen, gibt's am Ende Aluhüte, als Willkommensgeschenk im Neuland.

TRIPLE F
(Hypocrisy: Fractured Millenium)

»Wenn einer vom Klimawandel profitiert, dann seid das doch ihr Lehrer. Ihr kriegt wenigstens hitzefrei!«

Das halte ich nicht nur für die hirnverbrannteste Aussage aller Zeiten, sondern auch für ein abgrundtief böses Gerücht. Jeder, der selbst mal was Vernünftiges gelernt und die Berufsschule besucht hat, weiß nämlich: Für unsereiner gibt's das nicht.

Während sich »echte Lehrer« (kein Joke, musste ich mir schon anhören – hallo Mutti!) mittags gemeinsam mit ihren Schülern im Freibad suhlen, transpiriert unsereins bei gut und gerne fünfunddreißig bis vierzig Grad Raumtemperatur bis zum bitteren Ende.

Wie jeder andere Arbeitnehmer auch. Denken Sie gerade, oder?

Dann verbringen Sie mal bei tropischen Witterungsverhältnissen einen Nachmittag in einer Klasse mit fünfundzwanzig jungen Männern, die einen ohnehin fragwürdigen Begriff von Körperhygiene haben! Und versuchen Sie, denen was beizubringen. Bereits vormittags riecht es in vielen Klassenzimmern schlimmer als in jedem Pumakäfig, und unter den Sitzreihen bilden eintrocknende Schweißpfützen Salzränder auf dem Filzteppich. Im letzten Sommer kapitulierte selbst der Beamer, der sich nachmittags kurzerhand eigenmächtig abschaltete.

Selbst muss man absolute Seriosität vermitteln und so tun, als würde man ab dreißig Grad im Schatten erst richtig warmlaufen. Selbstverständlich haben Lehrer im Sommer noch weniger Bock auf Unterricht als ihre Schüler. Für viele Lehrlinge ist

Schule ja quasi wie Urlaub. Ich dagegen fühle mich bei Rekordhitze eher so, als hätte mir jemand im Schädel die Festplatte defragmentiert.

Das Einzige, was ich an solchen Tagen noch richtig gut kann, ist mit meinen Schülern um die Wette triefen. Aber hey! Ich spar mir die Sauna. Schon öfter habe ich mir überlegt, die Situation auf praktische Art zu nutzen und einen Tannennadel-Aufguss über den glühenden Computer zu schütten. Hab's aber lieber gelassen, weil der EDV-Kollege meinte, das sei keine gute Idee.

Hitze bekommt mir und meiner dunklen Kluft generell nicht so gut. Deshalb ging mir das kleine schwarze Ökoherz auf, als die Kunde von den ersten »Fridays for Future«-Demos die Runde machte. Was kann es für eine Politiklehrerin Schöneres geben, als wenn ihre sonst eher minder interessierten Schützlinge sich plötzlich erheben, sich ihrer Grundrechte bedienen und für ihre Zukunft eintreten? Das war *die* Gelegenheit, um meinen Schülern gelebte Demokratie vor die smartphonegebeutelten Augen zu führen.

Es dauerte nur wenige Tage, bis mich Anne, zwölfte Klasse, fragte, wie ich denn zu den Demos stünde. Da ich im vorherigen Jahr aus Verzweiflung und im Affekt bereits mehrfach beinahe den Grünen beigetreten wäre, musste ich nicht lange überlegen: »Find ich prima. Das ist gelebte Demokratie! Ihr müsst euch für eure Zukunft einsetzen, die die alten Säcke kaputt machen! Das versuch ich euch schon die ganze Zeit klarzumachen!«

Noch nie hat der Begriff »Epic Fail« eine Situation angemessener beschrieben als diese.

Außer mir wollte irgendwie keiner, dass junge Menschen einmal die Woche für ihre Überzeugungen eintreten. Zumindest dann nicht, wenn es das gute alte deutsche Schulsystem durcheinanderbringt.

Wann genau aus politisch aktiven Jugendlichen halbkriminelle Schulschwänzer wurden, habe ich nicht mitbekommen. Der Übergang war fließend. Spätestens als die ersten Schüler zum Nachsitzen verdonnert wurden, weil sie freitags die letzte Stunde verpasst hatten, wurde mir das ganze lächerliche Ausmaß der Tragödie bewusst.

Danach hat sich keiner mehr an den FFF-Demos beteiligt.

Die Beurteilung, wer am Ende gewonnen hat, überlasse ich Ihnen.

HULK
(SLIPKNOT: WAIT AND BLEED)

Neulich las ich eine Schlagzeile, die vermeldete, im US-Bundesstaat Florida dürften Lehrer nun bewaffnet in den Unterricht gehen.

Ganz blöde Idee! Ich sage Ihnen wieso: Ich habe gerade meine Tage.

Unangenehmes Thema? Zu persönlich? Zu feministisch? Wollen Sie gar nicht wissen? Mir egal. Ich würde das auch gern abschalten. Geht aber nicht. Und noch spaßiger: Je älter ich werde, desto schlimmer wird der Rotz. Inzwischen leide ich monatlich periodisch wie ein Hund. Ganz davon abgesehen, dass ich meine Hündin enorm um ihre Kastration beneide.

Jetzt kann man als Frau aber schlecht turnusgemäß alle achtundzwanzig Tage krankfeiern. Zumal ich ziemlich stolz darauf bin, so gut wie nie krank zu sein. Ganz im Gegensatz zu manchen Kollegen, denen es scheißegal ist, wenn andere für sie Vertretung machen müssen oder massenweise Unterricht ausfällt – sobald das Näschen kitzelt, geht's ab zu Doc Holiday. Als Beamter kann man das mehrere Monate durchziehen, sogar jahrelang. Kein Scheiß!

Doch ich schweife mal wieder ab.

Das Schlimme am Herumbluten sind nicht die Bauchkrämpfe. Die kann man mit ein paar Pillen abstellen. Was bleibt, sind die ulkigen Hormone, die einem schon Tage vorher signalisieren, es sei eine prima Idee, sich ausschließlich von Schokolade zu ernähren, und die einem das Nervenkostüm eines Hulk verleihen. Jetzt laufe ich in der Regel nicht mit einem Warnschild um den

Hals in der Schule herum. Es kommt also vor, dass ich dezent scheiße drauf bin und einfach nichts dagegen tun kann – obwohl ich sehr wohl weiß, was mit mir gerade nicht stimmt. Tut mir hinterher auch immer leid. Was viele Leute aber vergessen (oder gar nicht wissen), ist: Lehrer sind Menschen.

Menschen haben Stimmungen. Wehwehchen. Mal 'n schlechten Tag.

Und Lehrerinnen sind Frauen. Frauen haben noch mehr Stimmungen. Vor allem einmal im Monat. Auch ich, die ich mich damit brüste, eher der coole Dark Knight zu sein, mutiere dann gerne zum irren Joker.

Da an den meisten Schulen, auch an unserer, inzwischen sechzig bis achtzig Prozent Frauen arbeiten, ist eins klar: Die Schüler (von denen auch die Hälfte weiblich ist!) betreten täglich ein hormonelles Minenfeld. Und kommen Sie mir jetzt bitte nicht mit Professionalität. Wenn es mir richtig dreckig geht, sag ich das. Details lass ich natürlich aus. Alles frei nach dem Vers »Hier bin ich Mensch, hier …« – ach, Sie wissen schon. Das ist, meiner Meinung nach, eine bedeutsamere Leistung als das typisch deutsche »Jetzt stell dich mal nicht so an und beiß die Zähne zusammen, sonst wirkst du unprofessionell«. Und oh Wunder, auch Teenager sind in der Lage, Rücksicht zu nehmen!

Trotzdem wäre es eine wirklich beschissene Idee, mir an solchen Tagen eine geladene Waffe in die Hand zu drücken. Just sayin' …

FEUERLÖSCHER
(Borknagar: The Fire That Burns)

Seit ein paar Jahren habe ich inoffiziell eine schulische Ehrenfunktion übernommen – Feuerlöscher. In dieser Funktion diene ich dazu, die Brände einzudämmen, die Kollegen in ihren Klassen legen, bevor sie fluchtartig die Schule verlassen. Offiziell nennt sich das »außerplanmäßige Klassenübernahme«. Aus Gründen. Heißt: Mutterschutz oder Versetzung. Manchmal beides gleichzeitig.

Da in einer beruflichen Schule Klassen nur drei Jahre lang bestehen, betrifft der Wechsel oft diejenigen, die im dritten Jahr kurz vor der Prüfung stehen. Hier komme dann ich ins Spiel. Meine Aufgaben: Lücken füllen, die manchmal Ausmaße des Grand Canyons haben, Prüfungstauglichkeit herstellen, wo zuvor ein Bildungsvakuum geherrscht hat, und natürlich Prüfungsarbeiten korrigieren. Was sonst.

Nun ist es eine Sache, eine Klasse drei Jahre lang selbst versaut zu haben und sich am Ende in den eigenen Arsch zu beißen, weil man das ein oder andere Manko in den Unterricht eingebaut hat. Eine andere Sache ist es, die Versäumnisse von Kollegen ausbügeln zu müssen, die sich mal eben fix aus der Verantwortung gehuscht haben, »Nach mir die Sintflut« und so. Die netten kritzeln kurz vor Jahresbeginn noch schnell eine Liste mit Themen zusammen, die ich angeblich nicht mehr abarbeiten muss. Wobei einige dieser Themen bei den Schülern lustigerweise oft nicht angekommen zu sein scheinen.

Nett ist auch, wenn dein Vorgänger das jeweilige Fach so in Verruf gebracht hat, dass sich die Schüler nun weigern, je wieder ein Buch in die Hand zu nehmen. Einmal habe ich über ein halbes Jahr gebraucht, um klarzustellen, dass es sich bei Faust um mehr als nur einen notgeilen Pädophilen handelt. Ja! Ehrlich! Ähnlich lief es mit der Überzeugungsarbeit, dass Max Frischs Protagonist mit Vornamen nicht »Homo« heißt.

Schnell wurde mir bewusst: Die Listen, die die Kollegen da hinterlassen, sind mehr als frisiert.

Früher half in solchen Fällen das legendäre Klassentagebuch. Nicht ganz im Sinne des Datenschutzes, dafür aber ausgesprochen transparent, ermöglichte dieses Büchlein es einem, sich über alle Unterrichtsinhalte des Schuljahres detailliert zu informieren. Vorausgesetzt, man konnte die Sauklaue der Kollegen entziffern. Für manche brauchte man wirklich eine Dechiffriermaschine (huhu Chef!). In manchen Fächern muteten die Einträge auch seltsam an, wie zum Beispiel »Montag: NS-Ideologie und Gleichschaltung ... Donnerstag: Machtergreifung«.

Inzwischen hat der Fortschritt zugeschlagen. Das Tagebuch existiert nur noch in digitaler, ergo papierloser Form. Praktisch, sicher und gut für die Umwelt. Leider auch stinklangweilig und doof, weil ich jetzt die Einträge der Kollegen nicht mehr sehen kann. Nun muss ich mich auf die Listen verlassen, die mir kommentarlos überreicht werden, kurz bevor die Scheidenden der Schule roadrunnergleich den Rücken kehren.

Bisher ging's ja immer gut. Und irgendwie ehrt es mich schon ein wenig, dass mir diese heikle Aufgabe regelmäßig zugemutet wird.

So auch im letzten Jahr. Beim Abiball wankte der bereits gut abgefüllte Thomas auf mich zu, umarmte mich und ließ in alkoholinspiriertem, deshalb umso ehrlicherem Duktus verlauten: »Frau Blofeld, ich will jetzt nicht schleimen oder so – aber bei Ihnen hab ich in dem einen Jahr mehr gelernt als in den ganzen Jahren davor!«

Da wusste ich, dass ich so viel nicht falsch gemacht hatte. Andere vielleicht schon. Kann ich nix dafür. Sprit im Schlund tut Wahrheit kund.

Trotzdem würde ich meine Klassen schon ganz gern von Anfang an selbst versauen.
Nächstes Jahr wird aber nichts draus. Es stehen wieder einige Versetzungen an.

SCHÖNE FERIEN!
(ALICE COOPER: SCHOOL'S OUT)

»Na, wo geht's hin?«

Eine der häufigsten und beliebtesten Fragen unter Lehrern, vor allem vor den Sommerferien. Schon Wochen vorher tauschen sich die gestressten und überarbeiteten Lehrenden darüber aus, wohin sie kurz nach dem letzten Klingeln verreisen werden. Das hat was von einer Urlaubsolympiade: Je weiter weg und exotischer das Ziel, desto besser.

Der Versuch, mit mir so ein Gespräch anzufangen, endet in einer verbalen Sackgasse.
»Und, wo geht's hin?«
»Nirgendwo.«
»Ach. Dieses Jahr nicht weg?«
»Nö.«
Gespräch beendet.

Wegfahren bedeutet für mich lediglich Stress. Das ganze gängige Reisekonzept erschließt sich mir nicht. Dabei habe ich nicht mal Flugangst. Ich weiß bloß nicht, was entspannend daran sein soll, Koffer zu packen (und immer das Falsche mitzunehmen). Dann hektisch zum Flughafen zu tuckern. Im Stau zu stehen. Stundenlang im Flieger zu hocken. Ekliges Zeug zu essen. Irgendwo anzukommen, wo es meistens zu heiß ist. In fremden Betten zu schlafen. Und das gleiche Prozedere noch mal zurück. Am Ende brauche ich dann Urlaub vom Urlaub.

Sicher, der kulturelle Aspekt … wäre ein Argument. Bisher überwiegt aber meine Faulheit.

Ferien, das heißt für mich: zu Hause, Couch, Netflix, Bücher (viele), Metal (laut), manchmal Garten, zwischendurch auf ein Festival oder Konzert. Ab und zu auch ein neues Tattoo. Brain-Reset eben. *Das* ist Urlaub!

Zuweilen fröne ich derart dem Eskapismus, dass ich völlig in fremde Welten (meist Serienstaffeln) abtauche und nur schwer daraus hervorzuholen bin. Da kann es schon passieren, dass ich dem Postboten, der mich kurzzeitig meiner Fantasiewelt entreißt, zum Abschied ein gewichtiges »Der Winter naht!« hinterherrufe. Im August.

Nach den Ferien bin ich dafür der erholteste Mensch der Welt. Dermaßen erholt, dass ich mich kopfmäßig völlig außerhalb der Schule und meiner Lehrerrolle befinde und mich zu Schulbeginn oft aufführe wie Sau. Auch verbal muss ich mich dann erst wieder auf ein vernünftiges Lehrermaß runterregulieren. Das geht allerdings fix, wenn ich viel in der Berufsschule unterrichte.

Erklärung: In meinem ersten Jahr habe ich einmal – und nur dieses eine Mal – den gravierenden Fehler begangen, einer Klasse Bürokaufleute am letzten Schultag »Schöne Ferien« zu wünschen.

Junge, wenn Blicke töten könnten …

Einige schmerzhafte Augenblicke später wurde mir bewusst, dass die Anwesenden, während ich fluffig in den Ferien abhängen würde, richtig arbeiten mussten. Die hatten dann nicht einfach frei. Die müssten sich Urlaub nehmen. Wie richtige Menschen. Unfassbar.

Deshalb muss ich mir zum Schulbeginn immer auf die Zunge beißen, um nicht zu fragen: »Na, schöne Ferien gehabt?« Damit ist das Schuljahr nämlich schon gelaufen, bevor es angefangen hat.

Aber wer wäre ich, wenn ich mir von diesen Gedanken die Ferien vermiesen lassen würde?

In diesem Sinne: »Schöne Ferien!«

Jetzt erst recht!

MITLEID
(NIGHTWISH: WISHMASTER)

Die Probleme anderer Menschen sind seltenst die meinen. Auch wenn die anderen oft anderer Meinung sind. Geteilte Sorgen sind halbe Sorgen – was zum Fick …? Wer hat sich diesen Stuss ausgedacht?

Feldforschungen meinerseits haben ergeben, dass mitgeteilte Sorgen sich sogar vervielfachen, weil ich andere damit erst auf die Idee bringe, sich Sorgen über meine Sorgen zu machen. Was vor allem bei Lehrern dazu führt, diese Sorgen schnell in den eigenen Sorgen-Pool (und der fasst viele Hektoliter) zu integrieren. Letzteres zeugt übrigens nicht von Mitleid, sondern von grandioser Egozentrik.

Simples Beispiel: Ich beklage mich darüber, dass ich wegen Ausfalls eines Kollegen zusätzlichen Vertretungsunterricht machen muss. Das ist quasi wöchentlich der Fall.

Eine menschliche Reaktion darauf wäre: »Oh, das tut mir leid.«

Eine Lehrerreaktion darauf ist: »Scheiße, da muss ich gleich in den Stundenplan kucken, nicht, dass mich das auch noch betrifft, ich hab doch heute Mittag einen wichtigen Termin beim Heilpraktiker!«

Von wegen »halbe Sorgen«. Deshalb sollte ich eigentlich aufhören, mich zu beklagen – wenn es nicht solchen Spaß machen würde, andere in Aufruhr zu versetzen. Die Pausen wären sonst auch öde.

Jetzt gibt es aber eine Variable, die mir einen Strich durch die Rechnung macht: Schüler.

Klar gibt es fürs Ego nichts Besseres, als deren Sorgen zu mildern. Wenn es geht.

Wenn es nicht geht, nimmt die Ohnmacht ungeahnte Ausmaße an.

Ich rede jetzt nicht von so Sorgenpillepalle wie Rechtschreibschwäche, schlechten Noten oder Versetzungsgefährdung.

Pro Schuljahr unterrichte ich im Durchschnitt dreihundert Schüler (deren Namen ich zugegebenermaßen nicht immer alle auf die Kette kriege). Jetzt können Sie sich ausmalen, wie viel Zeit wohl vergeht, bis die Wahrscheinlichkeit brutal zuschlägt und einem dieser Schüler etwas Schlimmes passiert. Vor allem, wenn man weiß, wie manche von denen Auto fahren.

Da wird die morgendliche Zeitungslektüre, Rubrik »Lokalteil/Polizeibericht«, des Öfteren zu einem Nervenkitzel, den ich gerne vermeiden würde. Der scheußliche, aber unvermeidbare Gedanke »Hoffentlich keiner von meinen!« bohrt sich jedes Mal ins Hirn, wenn ein Schüler potenziell ins Profil der Unglücksmeldung passt. Bisher musste ich noch nicht auf eine Beerdigung gehen. Ich hoffe einfach, dass das so bleibt.

Jetzt bin *ich* fürchterlich egozentrisch. Irgendwie aber auch nicht ...

Schon 'ne komische Sache, das mit dem Mitleid.

Bei dreihundert Schülern kann man unmöglich mit jedem einzelnen mitleiden. Von Zeit zu Zeit begegnet man aber Persönlichkeiten, die mental hängen bleiben. In meinem Fall war das Fiona.

In einer Berufsschule kann es passieren, dass Schüler aufgrund von Umschulung oder anderen Unwägbarkeiten des Lebens nicht viel jünger sind als man selbst. Manchmal sogar älter. Mein Rekord lag bei einem Schüler, der knapp fünfzig war.

Fiona war zwei Jahre jünger als ich. Das ist sie, wenn man's genau nimmt, immer noch. Und was soll ich sagen, schon in der ersten Schulwoche war klar: Das passt! Wir lagen auf einer

Wellenlänge. Es stand bereits fest, dass wir ordentlich einen heben gehen würden, wenn Fionas Schulzeit beendet und ich nicht mehr ihre Lehrerin war.

Drei Wochen vor der Abschlussprüfung ließ das Schicksal seinen Hammer aber so kräftig herabrauschen, dass einige Katholiken im Umkreis von dem Knall sicherlich wieder vom Glauben abgefallen sind.

Fiona erschien an diesem Tag nicht zum Unterricht. Das allein war nicht ungewöhnlich. Manchmal kam sie zu spät, wenn etwas mit ihrem Sohnemann war (sie war seit geraumer Zeit alleinerziehend). Als sie zur zweiten Stunde noch nicht aufgetaucht war, kam ich auf die glorreiche Idee, ihre Mitschüler nach ihrem Verbleib zu fragen.

»Fiona kommt wahrscheinlich gar nicht mehr.«

Himmel noch mal! So kurz vor der Prüfung? Was kann denn schon so schlimm sein, dass man das nicht mehr durchzieht?! Zum Glück begnügte ich mich dieses Mal damit, nur zu denken, statt zu reden.

»Ihr Sohn ist schwer krank.«

Leukämie.

Fuck.

Was konnte ich tun? Außer mich hilflos zu fühlen? Und eine gut gemeinte Karte zu unterschreiben, die am Ende doch nichts helfen würde?

Und Mitleid zu haben. Was am Ende auch nichts helfen würde.

Und zu hoffen. Dass genau der Typ sich ein Spenderstäbchen in den Mund geschoben hatte, den Fionas Sohn nun brauchte …?

Ich wünschte, diese Geschichte hätte ein witziges Happy End.

Bisher hat sie noch gar kein Ende.

Besser als nichts.

RANDNOTIZ
(AC/DC: MONEYTALKS)

Ist den Spitzfindigen unter Ihnen schon was aufgefallen? Ich habe all diese verkorksten Seiten über mein Leben an einer kaufmännischen Berufsschule geschrieben. Und noch keinen einzigen BWLer-Witz gemacht.

Das fiel mir schwer! Wirklich schwer.

Kennen Sie einen oder mehrere BWLer in persona? Dann wissen Sie, was ich meine. Zum einen bieten die jede Menge Angriffsfläche für Gags und Gemeinheiten. Zum anderen gibt es sie einfach auch massenweise.

Wenn man vor fünfzehn Jahren einen angehenden Abiturienten nach Zukunftsplänen fragte, bekam man meist als Antwort: »Ach, erst mal Zivi und dann wahrscheinlich irgendwas mit Medien.«

Heute lautet die Antwort oft: »Ach, erst mal 'n Jahr Work and Travel (ergo chillen) in Australien und dann irgendwas mit BWL.«

Warum das so ist? Wegen Lehranstalten wie unserer! Wir züchten die in rauen Mengen.

Unsere Schule hat die Zeichen der neoliberalen Zeit gedeutet und surft auf dem Tsunami des Turbokapitalismus heftig mit. Jährlich entlassen wir eine Horde Wirtschaftsgymnasiasten in die Welt, um diese noch ein Stück langweiliger und fieser zu machen. Wenn wir ganz viel Glück haben, studieren manche sogar Wirtschaftspädagogik (meines Erachtens ist allein der Name ein Oxymoron) und landen nach ein paar Jahren wieder als BWL-Lehrer bei uns.

Ein endloser Kreislauf. Nur ohne *König-der-Löwen*-Romantik. Um den typischen Wirtschaftskundler ranken sich dennoch eine Menge Mythen und Legenden. Wobei die eine gewisse Spannung beinhalten müssten, die dem klassischen BWLer aber meist zur Gänze fehlt. Das Manko wird wiederum mit einer Unsumme an Karo- und Polohemden ausgeglichen.

Ein weiteres Kennzeichen des BWL-Lehrers ist es, alles und jeden in Tabellen zu verpacken. Es gibt nichts, was man nicht sachlich und nüchtern tabellarisch darstellen könnte.

Jetzt sagen Sie vielleicht: Jaaa, Moment! Die arbeiten doch als Pädagogen in einer Schule, nicht in einem Unternehmen. Zudem sind Schüler keine Produkte oder komplexe Zahlen, sondern Individuen. Wie soll das denn in das starre System einer Tabelle passen?

Dafür hat der Wirtschaftspädagoge ein sogenanntes individuelles Bewertungsraster entwickelt (noch so ein Oxymoron). Darin werden beispielsweise Kopfnoten – also die ebenso legendären wie stumpfsinnigen Verhaltens- und Mitarbeitsnoten – tabellarisch beschrieben, und es wird genau aufgeführt, was ein Schüler leisten oder versauen muss, um die eine oder die andere Note zu bekommen.

Da ist beispielsweise Lieschen Müller ein paarmal zu oft unentschuldigt dem Unterricht ferngeblieben. Laut Tabelle kann das keine gute Verhaltensnote werden. Und weil die Karohemden der BWL-Kollegen beim Übertreten der tabellarischen Vorgaben in Flammen aufgehen und besagte Modesünder in den Zeugniskonferenzen in der Überzahl sind, bekommt Lieschen zum Schuljahresende in »Verhalten« eben nur eine Drei.

Armes Lieschen.

Keiner hat sie mal gefragt, warum sie unentschuldigt fehlt. Vielleicht hat sie Stress mit den Eltern. Kann in dem Alter schon mal vorkommen, hab ich gehört. Oder Liebeskummer. Na gut, an so was denkt ein BWLer natürlich nicht. Vielleicht ist es aber auch etwas wirklich Ernstes, was sie nicht jedem auf die Nase bindet. Krankheit, Scheidung der Eltern oder Schlimmeres.

Den meisten Tabellen fehlt es naturgemäß an zwei Dingen: Empathie und Menschlichkeit. Mitgefühl und Interesse lassen sich schlecht in Zahlenwerten darstellen. Und mit pädagogischer Freiheit braucht man denen schon gar nicht zu kommen. Der Erzfeind eines BWLers ist der kreative Freigeist! Was hat der auch auf einer kaufmännischen Schule zu suchen?

Immer wieder falle ich in Zeugniskonferenzen aus allen Wolken, wenn ich höre, wie Kollegen über Schüler reden, die in meinen Fächern brillant sind. (Oder zumindest nicht exorbitant verhaltensauffällig.)

Nun gut. Jetzt bin ich auch eher eine Chaotin. Die Tabelle, in die ich passe, muss erst noch erfunden werden. Außerdem unterrichte ich bloß »Randfächer«. Sie lesen richtig! Deutsch, Geschichte und Politik bewegen sich an einer beruflichen Schule im eher semiwichtigen Grauzonenbereich.

Sätze wie »Aber in Deutsch ist er super!« oder »In Geschichte ist sie wirklich sehr interessiert!« führen bei der Karohemdenfraktion höchstens zu einem süffisanten Lächeln. Wer braucht schon Lektüre oder gar Demokratieverständnis, wenn er Rechnungswesen hat? Was bringen einem Grammatik und Geschichtsbewusstsein, wenn es um Gewinnmaximierung geht? Und nach welcher Tabelle soll man denn bitte Kreativität bewerten?

Klar könnte man einwenden, dass die Schüler sich schließlich völlig freiwillig in die Fänge der Betriebswirtschaft begeben. Aber wussten Sie mit sechzehn schon, was Sie später machen wollten?

Ja? Glückwunsch. Sind Sie BWLer?

Die Verabsolutierung der Wirtschaft führt an unserer Schule tatsächlich dazu, dass viele Absolventen sich keinen anderen Berufszweig vorstellen können. Und das, obwohl sie auch an einem beruflichen Gymnasium die Allgemeine Hochschulreife erlangen. Für andere Pläne bedürfte es der Kreativität, und die hat man ihnen in den letzten drei Jahren erfolgreich wegsubtrahiert.

Aber die Welt ist im Wandel! In den vergangenen zehn Jahren haben nebst meiner Persona non grata noch weitere bösartige, kreative Geisteswissenschaftler mit allgemeinpädagogischer Ausbildung das berufliche Schulwesen unterwandert. Besserung ist in Sicht. Sie dauert nur.

Noch werde ich oft belächelt, weil ich der Meinung bin, dass Lehrlingen oder Oberstufenschülern eine abwechslungsreiche Unterrichtsmethodik nicht schadet. »Ach, bastelst du wieder?«, heißt es dann. Und in meinem ersten Jahr wurde ich angeglotzt, als hätte ich Antennen am Schädel, als ich fragte, wo denn die Plakate und das Buntpapier lagerten. Letzteres führt beim klassischen BWLer wahrscheinlich zu Reizüberflutung und einem epileptischen Anfall.

Dann kauf ich mir den Scheiß halt selbst. Das ist es mir wert. Und wenn's nur dazu gut ist, die Kollegen zu ärgern. Wobei … auf rosa Papier sieht selbst eine Tabelle noch ganz putzig aus.

Vielleicht sollten die ganzen BWLer einfach mal locker durch die Cordhose atmen. Oder Metal hören. Das steigert bekanntlich die Kreativität.

Nur, ganz ehrlich: Können Sie sich einen Metaller im Karohemd vorstellen?

ERFOLGREICH SCHEITERN
(IRON MAIDEN: WASTED YEARS)

Fester Bestandteil meiner ruhigen und zurückhaltenden Art ist, dass ich ein lautstarkes »Herzlichen Glückwunsch!« in den Klassenraum posaune, wenn mich das Klassenbuch auf einen Schülergeburtstag hinweist. Um mich danach darüber zu mokieren, dass es keinen Kuchen gibt. So auch neulich, an einem Freitagmorgen in einer Berufsschulklasse im dritten Lehrjahr.

Susi war die Glückliche. Etwas peinlich berührt beantwortete sie die Frage, wie alt sie denn geworden sei, leise mit: »Fünfundzwanzig.«

Holy Shit! Mir wurde bewusst, wie lange ich sie bis dato schon kannte. In meinem ersten Jahr an der Schule war Susi zarte sechzehn Jahre alt und gerade erst Wirtschaftsgymnasiastin.

Sie fragen, wie es sein kann, dass sie nun, neun Jahre später, immer noch an unserer Schule herumeierte?

Ganz einfach. In der Regel wechseln unsere Schüler nach der Mittleren Reife ins berufliche Schulwesen. Man könnte meinen, dass es nur die ehrgeizigen, fleißigen und schlauen aufs Gymnasium verschlägt.

Ich sag mal ... Jein.

Auf einige mag das zutreffen. Die traurige Wahrheit ist jedoch, dass viele nach der Realschule keinen vernünftigen Ausbildungsplatz bekommen. Weil Stellenangebot und Nachfrage sich seit Jahren nicht miteinander verstehen (oder weil die Bewerber schlicht zu blöd sind). Und was bleibt einem dann übrig? Richtig! Man geht einfach weiter dahin, wo man sich auskennt. In die Schule.

Heißt also, ein Großteil unserer angehenden Abiturienten hockt nur bei uns, weil es hier tagsüber nicht reinregnet. Im Worst Case führt das dazu, dass sie die Regelschulzeit von drei Jahren auf maximal fünf ausreizen.

Bei Susi war das damals keineswegs der Fall. Es waren vier. Dann hatte sie ihre Abiprüfung geschafft. Umso verwunderter war ich, dass ich sie drei Jahre später in besagter Berufsschulklasse wiedertraf.

Hier grüßte fröhlich eine weitere Entwicklung im deutschen Bildungs(un)wesen: der Studienabbruch.

Seit geraumer Zeit finden sich in vielen Ausbildungsberufen, für die im Grunde die Mittlere Reife reicht, immer mehr Abiturienten und – wie in Susis Fall – immer mehr Studienabbrecher. Da wird aus dem baden-württembergischen Bildungsleitspruch »Kein Abschluss ohne Anschluss« schnell mal »Kein Anschluss trotz Abschluss«. Die Berufswahl wird zur Berufsqual. Und kurz darauf strecken die Gequälten die Waffen.

Ich komme in solchen Momenten nicht umhin, an meine eigenen Studienkapriolen zurückzudenken. Nur zu oft, also quasi jedes Semester, war ich kurz davor, alles abzublasen. (Von trotzigen Beinahe-Schulabbrüchen in der Pubertät mal ganz zu schweigen.)

Vor allem wenn es ans Schreiben von Hausarbeiten ging, machte ich mir selbst das Leben schwer. Jede Seite presste ich mir schmerzhaft aus den Fingern. Mehr als einmal musste ich bei Professoren um Verlängerung der Abgabefrist betteln. Noch dazu waren meine Kenntnisse im wissenschaftlichen Arbeiten eher dürftig.

Fun Fact: Was lag näher, als der frischgebackenen Studienrätin B. in der Schule die Leitung eines Kurses zu übertragen, in dem sie den Schülern genau das beibringen sollte, was sie im Studium zuweilen ordentlich verkackt hatte? Aber aus Fehlern lernt man ja angeblich. Hab ich gehört.

Tatsächlich steigerten sich meine akademischen Kompetenzen allmählich. Und ich bekam es sogar hin, in Rekordzeit eine Examensarbeit zu verfassen, die sich sehen lassen konnte.

Bis dahin war der Weg holprig, gespickt mit Sackgassen, »Bitte wenden«-Schildern und metertiefen Schlaglöchern, die ich mir meist selbst sprengte. Außerdem strapazierte ich die Dehnbarkeit der Regelstudienzeit ein wenig über Gebühr (Euphemismus).

Ab und an wache ich heute noch schweißgebadet auf und denke, ich würde in meiner muffigen, überteuerten Studentenbude liegen. Um glückselig festzustellen: Ich habe wirklich zu Ende studiert. Und bin Akademikerin. Also – ich! Dann schaffen meine Schüler das doch locker. Sollte man meinen.

Was hätte ich denn gemacht, wenn ich nach ein paar Jahren den Notausgang »Exmatrikulation« (das wäre, by the way, ein ziemlich cooler Titel für einen Death-Metal-Song) genommen hätte? Ich habe ehrlich keinen blassen Dunst. Ich kann doch nix außer Luft verbrauchen und verpesten. Und unterrichten. Wusste ich aber damals noch nicht.

Etwas anderes wäre es, wenn ich jetzt merken würde, dass ich auf den ganzen Schulkrams keinen Bock mehr habe. Dann würde ich es vielleicht so machen wie meine Pädagogikdozentin an der Uni. Ihres Zeichens maximal desillusionierte Ex-Gymnasiallehrerin mit einem Hang dazu, ihre Studenten bereits im Grundstudium ebenso zu desillusionieren. Wenn ich ihr aufmerksam zugehört hätte, hätte ich wahrscheinlich nach zwei Semestern abgebrochen.

Gut, irgendwo wäre ich schon untergekommen. Ich bin ja recht flexibel und vor allem spontan. Meine Fächerwahl traf ich kurz nach dem Abi mit viel Bauchgefühl. In unserer Abizeitung ist zu lesen, ich hätte vor, nebst Geschichte nun Englisch zu studieren. Immerhin hatte ich einen ordentlichen Leistungskurs hingelegt. Kurz vor Studienbeginn siegte aber doch wieder die Faulheit. Ich hatte schlicht keinen Bock auf ein Auslandssemester.

Meine Schüler haben für mich auch schon eine Exit-Strategie, sollte es mir mit dem Lehrberuf irgendwann zu langweilig werden: Sozialarbeiterin.

Ja nee, is klar. Was die wieder von mir denken! Liegt wahrscheinlich an der Optik. Oder am Zynismus.

Passenderweise steht das in Susis Abizeitung über mich geschrieben. Es ist schon irgendwie tragisch-schön, wenn man, wie bei *Harry Potter,* seine Schüler länger begleiten darf. Oder in dem Fall eben muss. Am Ende ist noch aus jedem was geworden. Sogar aus mir. Und das will was heißen! Fragen Sie meine Mutter.

Schlusswort an alle, die nach der Realschule noch nicht genau wissen, was sie tun sollen: Spart euch doch den Umweg! Es sei denn, er führt euch bei mir vorbei.

ARSCHLOCHKLASSEN
(DevilDriver: Back With a Vengeance)

Ein schulisches Naturgesetz führt alle paar Jahre zu einem Phänomen, vor dem sich alle Lehrenden fürchten: der Arschlochklasse.

Ob man es mit einer solchen zu tun hat, kriegt man relativ schnell mit. In der Regel kristallisiert sich schon nach wenigen Unterrichtsstunden heraus: Jou, das werden spaßige drei Jahre für alle Beteiligten.

Jetzt nicht falsch verstehen. Ich meine keineswegs Pillepalle wie laute, ungezogene, dumme oder ADHS-geplagte Schüler (oder alles zusammen). Das gehört zum Tagesgeschäft und schließt vor allem Nettigkeit nicht aus. Weder Dummheit noch ADHS noch mangelnde elterliche Zuwendung machen aus einer ganzen Klasse einen Haufen Arschlöcher. Natürlich habe ich Klassen, vor deren Betreten ich mir mindestens eine Vierhunderter-Ibuprofen und ein Snickers reinkloppen muss, um das körperlich und nervlich durchzustehen. Trotzdem sind diese Klassen oft diejenigen, mit denen man eine Mordsgaudi hat. Also im positiven Sinne. Das ist wie Sport. Man quält sich, aber danach fühlt man sich gut. Und irgendwie macht's auch Spaß.

Zu einer Arschlochklasse gehört weit mehr. Oder besser gesagt weniger. Interesse zum Beispiel. Vor allem an so unwichtigen Nebenfächern wie Deutsch oder Politik, die vor allem der durchschnittliche Lehrling als lästiges Beiwerk und Zumutung sondergleichen empfindet. Und das lässt er einen auch relativ fix spüren.

Arschlochklassen haben die unangenehme Angewohnheit, ihre ausgeprägte Abneigung gegenüber dem Schulstoff auf den jeweiligen Lehrkörper zu übertragen. Und schwups ist man für die nächsten drei Jahre der Depp vom Dienst, der einfach an allem schuld ist: dem Lehrplan, dem Stundenplan, dem Busfahrplan ... sogar am schlechten Wetter. Ich bin überzeugt, dass die, sollte der Dritte Weltkrieg ausbrechen, daheim vorm Fernseher hocken und trocken feststellen würden: »Das hat die olle Frau Blofeld verbockt, mit ihrem saublöden Gesabbel von Politik.«

Sie fragen sich nun sicher (und zu Recht), wie es sein kann, dass dieses Phänomen gleich gruppenweise auftritt. Natürlich gibt es in beinah jeder Klasse mindestens ein Exemplar mit oben beschriebener Werkseinstellung. Befindet es sich jedoch in der Minderheit, fällt das nicht weiter ins pädagogische Gewicht. Es nervt, klar, aber das kann man ignorieren. Oder beizeiten beheben. Oftmals geben Single-Arschlöcher nämlich fix auf, wenn sie merken, dass sie mit ihrer Grundnegativität und dem Gemotze in der Minderheit sind und sich rundum keine Freunde machen.

Problematisch wird es erst, wenn mehrere sich zusammenrotten und den gefürchteten Dominoeffekt haben. Dann breitet die Miesepetrigkeit sich in der Klasse aus wie Herpes. Und jeder weiß ja: So einen hartnäckigen Virus wird man nur ganz schwer wieder los.

Was habe ich nicht alles ausprobiert!

Ich habe es mit Fachkompetenz versucht. Nach dem Motto: Wenn die denken, meine Fächer seien sinnlos, muss ich ihnen doch nur klarmachen, wozu ein breites Allgemeinwissen gut ist.

Ich habe es mit Humor versucht. Wenn man zwischendrin die Stimmung mit ein paar Jokes auflockert, könnte das Lernen ja mehr Freude machen.

Ich habe es mit Drohungen versucht. Wenn man sich in Deutsch und Politik keine Mühe gibt, kann man am Ende durch die Berufsschulprüfung fallen. Wie peinlich wäre das denn?!

Ich habe es mit Feedback-Gesprächen versucht. Wenn man die Schüler fragt, was ihnen am Unterricht missfällt, kann man in Zukunft vielleicht gezielt Dinge ändern.

Doof ist nur, wenn bei allem herauskommt, dass Schule generell beschissen ist und dass die Arschlochklasse alle Fächer, inklusive der unterrichtenden Kollegen, einfach kacke findet. Na ja, wenigstens nichts Persönliches. Immerhin.

Was helfen könnte, ist mehr Zeit. Aber versuchen Sie mal, in nur fünfundvierzig Minuten pro Woche bei Schülern nachhaltige pädagogische Erfolge zu erzielen. Oft kann ich mich glücklich schätzen, wenn die nach den Ferien überhaupt noch wissen, wie ich heiße. Dahingehend ist das mit der wenigen Zeit gar nicht so verkehrt. Wenigstens muss ich mich nie lange mit ihnen auseinandersetzen.

Irgendwann werde ich auch mal bockig. Wie du mir, so ich dir! Vor allem vor Klassenarbeiten oder einer Prüfung. Denn dann werden die Arschlöcher plötzlich scheißfreundlich.

Blöd sind die ja nicht! Immerhin wissen sie genau, wer später ihre Arbeiten korrigieren wird. Und das macht mich richtig pissig. Was ich noch mehr verabscheue als echte Abneigung, ist falsche Zuneigung. Deshalb spare ich mir zuweilen auch das aufgesetzte Lächeln, das einem ständig angeraten wird, als wäre das eine Self-fulfilling Prophecy: »Wenn du lächelst, überträgt sich deine Stimmung automatisch auf dein Gegenüber!«

Für wie beknackt halten solche Leute andere Menschen? Meine Schüler sind vielleicht Arschlöcher, aber nicht strunzdumm. Oft stelle ich fest, dass sie sich in der Berufsschule im Grunde nur langweilen. Deswegen gebärden sie sich so, als wäre jede Minute, die sie im Unterricht zubringen, unter Schmerzen entwendete Lebenszeit.

Wenn man die Entwicklung der Lehrinhalte genauer betrachtet, stimmt das sogar. Ich bin mir sicher: Viele könnten bereits am allerersten Schultag im ersten Lehrjahr die Abschlussprüfung in Deutsch oder Politik ablegen und würden mit ganz passabler Note bestehen. Da sitzen Menschen, die haben vor ihrer Ausbildung zum Industriekaufmann im Abitur zehnseitige

Interpretationsaufsätze verfasst. Nun sollen sie »ihrer besten Freundin eine E-Mail schreiben« und »von ihrer Ausbildung erzählen« oder Multiple-Choice-Aufgaben zu einem Text auf Grundschulniveau bearbeiten. Das würde mich auch abfucken. Aber mit Binnendifferenzierung hat es die Berufsschule nicht so.

Was den Lehrplan für Lehrlinge im allgemeinbildenden Bereich anbelangt, heißt das Motto: einer für alle. Egal ob Bankkaufleute, Verkäufer oder Maler und Lackierer, jeder bekommt dasselbe aufgetischt. Was für den einen Kokolores und geradezu eine Beleidigung des Intellekts ist, ist für den anderen unüberwindbares Hindernis. Das produziert vor allem eines: Frust. Und zwar bei allen Beteiligten.

Ich will ganz offen zu Ihnen sein: Ich habe kein Patentrezept für dieses Problem. Zumindest habe ich eine Überlebensstrategie für mich gefunden: die Teflon-Taktik. Nicht falsch verstehen! Das bedeutet nicht, dass mir alles egal ist. Aber man muss sich die Fähigkeit antrainieren, nicht alles sofort persönlich zu nehmen. Was für mich gilt, gilt genauso für die Klasse: Die sehen mich auch nur fünfundvierzig Minuten pro Woche! Woher sollen die denn wissen, dass ich kein Arschloch bin? Schließlich habe ich nicht viel Zeit, sie vom Gegenteil zu überzeugen. Und die sollte ich tunlichst nutzen, um mich nicht wirklich wie eins zu gebärden.

Dann benimmt sich eben eine ganze Klasse wie ein Haufen grandioser Arschlöcher. So what? Die werden schon ihre Gründe haben.

Aber eins weiß ich: Der Hauptgrund sollte nie die Lehrerin sein, die sich auch wie ein grandioses Arschloch aufführt.

SCHÖNER HAUSEN
(AIRBOURNE: DIRTY ANGEL)

Ich bin ab und an eine ziemlich faule Sau.

Wer mir nicht glaubt, möge mein Haus einer kurzen Inspektion unterziehen. Wer hinterher noch nicht restlos von meiner Faulheit überzeugt ist, frage meinen Mann.

Nein, das war keine Einladung. Bitte besuchen Sie mich nicht. Außer wenn Sie zum Putzen vorbeikommen möchten, dann bitte schön!

Hausarbeit ist so wirklich gar nicht meins. Ich bin dafür schlicht und ergreifend nicht geschaffen. Darum bin ich auch froh, im 21. Jahrhundert zu leben und einen höchst technikaffinen Gatten mein Eigen zu nennen. In Kombination mit unserem Dasein als DINKS (neudeutsch für »double income, no kids«) hat das dazu geführt, dass bei uns allerlei Haushaltsmaschinchen und Roboterlein ihr Unwesen treiben.

Beinah täglich tuckern Staubsaugerroboter durch die Wohnung und versuchen, der Masse an Hunde- und Menschenhaaren Herr zu werden. Hin und wieder gesellt sich ein kleiner Wischroboter dazu und zuckelt munter durch die Bude. Im Garten dreht derweil der Mähroboter, von uns liebevoll »Mähphisto« getauft, seine Runden, während die Spülmaschine spült und die Waschmaschine wäscht. Ich besitze sogar einen dieser legendären Fenstersauger, die angeblich jede Scheibe streifenfrei blitzblank bekommen. Da man ihn aber noch von Hand bedienen muss, war es mir bisher leider nicht möglich, das zu verifizieren.

Alles, was die Roboter (oder mein Mann) nicht erledigen, bleibt halt liegen, bis sich Besuch ankündigt. Dann schaffe ich allerdings in ein paar Stunden so viel wie sonst in einem Jahr nicht. Unangekündigte Besuche sind eher schlecht. (Deshalb bleiben Sie auch besser weg!)

Vielsagend sind die Blicke meiner Schwiegermutter. Aber das zählt nicht. An deren Reinheitsanspruch kommt nicht mal Meister Proper persönlich ran. Ich könnte mein Haus tagelang von unten bis oben durchputzen, und im Vergleich zu dem meiner Schwiegerleute wäre es immer noch ein Dreckloch. Äußere ich dahingehend Bedenken, reagiert mein Mann eher pragmatisch: »Wenn sie's stört, kann sie ja selber putzen.«

Recht hat er.

Dazu muss man wissen, dass unsere Wohnraumgestaltung sich ein klein wenig von der abhebt, die andere Überdreißigjährige mögen.

Während andere ihrem Neubau einen dezenten Farbanstrich in Weiß oder Zartrosa verpassen (was nach ein paar Monaten aussieht wie Leberwurst, die zu lange an der Luft war), klatschen wir uns schwarzen Klinker an die Fassade. Statt Blumenvasen gibt's Totenköpfe oder Wikinger. Auch die Unterbringung fürs winterliche Vogelfutter empfinden manche vielleicht als makaber. Ich hingegen finde es superniedlich, wenn eine Blaumeise einem Metall-Galgenmännchen das Meisenknödel-Hirn rauspickt. Spinnweben könnten also gut und gern der Dekoration zugerechnet werden.

Allerdings gibt es einen Raum im Haus, in dem weder mein Mann noch irgendein anderes menschliches Wesen etwas verloren haben: mein Büro. Dort praktiziere ich seit Jahren ein mir eigens zurechtgelegtes Ordnungsprinzip, das sich zugegebenermaßen auch nur mir erschließt. Und manchmal nicht mal das ...

Mit anderen Worten: Ich bin eine faule Sau.

Die jährlichen Versuche, Ordnung in meinem Büro zu schaffen, enden immer wie die ähnlich gearteten Versuche, meinen Kleiderschrank zu sortieren. Das Ganze sieht ein paar Tage adrett aus, bis das Chaos wieder anklopft und die Ordnung auf Eigenbedarf rausklagt. Nach Jahren haben das Chaos und ich aber einen Pakt geschlossen. Ich lasse es so lange in Ruhe, bis die Zeit, die ich brauche, um etwas zu finden, die Zeit übersteigt, die ich fürs Aufräumen bräuchte. Dann geht das Spiel wieder von vorn los. Klappt prima. Jedenfalls zu Hause.

In der Schule ist die Lage etwas komplexer. Stichwort: Lehrerzimmer.

Es gibt zwei Möglichkeiten, den Lehrkörper in Schulen unterzubringen. Beide haben Vor- und Nachteile.

Da gibt es zum einen das Großraum-Lehrerzimmer. Den meisten von Ihnen wird diese Art der Massenlehrhaltung bekannt sein. Meist taktisch klug, weil mittig im Gebäude gelagert, stellt sie einen zwar großen, den Ansprüchen aber in keinster Weise genügenden Raum dar. In diesen werden zahllose Tische, Stühle, Regale und eventuell (wenn man Glück hat) eine kleine Küchenzeile gequetscht. Hier treffen sich in den Pausen alle (!) anwesenden Lehrkräfte zu Pausenbrot und pädagogischem Palaver.

Klingt super, oder?

Ich sag Ihnen mal was: Es ist richtig beschissen!

Anderthalb Jahre musste ich während meines Referendariats in so einer Großraumhölle zubringen. Als Azubi bekommt man natürlich den Katzentisch. Ohne eigenes Regalfach, versteht sich. Für insgesamt achtzig Kollegen standen im ganzen Raum sage und schreibe zwei (in Ziffern: 2) Computer und eine (in Ziffern: 1) Kaffeemaschine zur Verfügung! Das sind menschenunwürdige Arbeitsbedingungen für den deutschen Beamten. Dann sitzt man dort in der großen Pause und möchte gerade genüsslich in sein Salamibrot beißen – »Ja, hallo Frau Blofeld! Ich muss unbedingt mit Ihnen über die 8c sprechen!« ...

Ich begründe damit meine Gewichtsabnahme trotz zeitweiligem Nikotinverzicht während der Referendarszeit.

Was im Großraumbüro auch nicht geht, ist: nix tun. Sobald man mal nichts liest, korrigiert, vorbereitet oder weiß-der-Geier-was macht, was irgendwie nach sinnvoller Beschäftigung aussieht (Essen und Trinken gehören übrigens nicht dazu, das muss simultan erledigt werden), schneiden einem Blicke in den Rücken, die fragen, ob man denn nicht arbeiten muss. Als richtiger Lehrer muss man immer was zu tun haben! Das ist bekannt.

Auch ein schönes Großraum-Feature: nervige Schüler. Witzig vor allem für die Kollegen, deren Plätze sich in unmittelbarer Nähe zur Tür befinden. Natürlich lässt sich diese Tür von außen nur mit heiligem Generalschlüssel öffnen. In jeder Pause klopft es quasi im Sekundentakt, weil Mariechen eine Frage zur Klassenarbeit hat oder Miguel unbedingt noch eine Entschuldigung vom Vortag abgeben muss. So 'n Scheiß halt.

Entsprechend groß war meine Freude, als ich in meiner jetzigen Arbeitsstelle ankam.

Kein Lehrerzimmer, nein! Lehrerstützpunkte!

Fünf bis acht Akademiker finden in solch einem Lehrergehege Platz. Dazu pro Zimmer zwei Computer, ein Drucker, eigene Regale und sogar eine Kaffeemaschine. Es ist wie im Himmel!

Versteht man sich mit den dort bereits ansässigen Kollegen, führt es hier auch nur anfangs zu Verwirrungen, wenn man es wagt, in der Mittagspause nichts zu tun und vergleichsweise eher seltenes Klopfen an der Tür zu ignorieren. (Ja, ich ignoriere Schüler ab und zu für ein Salamibrot. Kreuzigen Sie mich! Aber wenn ich im Unterricht wegen Unterzuckerung oder Dehydrierung umkippe, gibt's auch nur Scherereien.)

Das Leben im kleinen Lehrerstützpunkt könnte so schön sein – wenn ich nicht so eine faule Sau wäre.

Jahrelange Erfahrung hat nämlich gezeigt: Viel Platz führt zu viel Unordnung. Da man unter sich ist, dachte ich, ich könnte hier ebenfalls meinen Chaos-Ordnungs-Pakt etablieren. Diese Rechnung habe ich ohne die gefürchteten Ordnungsfetischisten gemacht. Übrigens fast alle BWLer. (Ich dachte, ich erwähne das mal.)

Während mein Ablagesystem so aussieht, dass ich alles, was ich momentan nicht benötige, einfach in das große Regal hinter mir stopfe oder werfe, verfügen die anderen über einzeln beschriftete Ordner oder – noch kurioser – Schubfächer. Verrückt.

Vergleicht man die Ablagesysteme miteinander, kommt es zeittechnisch fast auf dasselbe raus. Während ich beim »Ablegen« (also Hinter-mich-Werfen) Zeit spare, muss ich später länger suchen, sollte ich das Abgelegte beziehungsweise Geworfene wieder benötigen (was gar nicht so oft vorkommt). Meine Kollegen finden ihre Sachen zwar fix, brauchen aber eeeewig (bestimmt eine Minute oder so), bis sie alles fein säuberlich abgeheftet haben.

So eine Zeitverschwendung.

Nun gut, Ablagesystem zwei mag optisch ansprechender wirken. Besonders für Außenstehende.

Dass dem so zu sein scheint, merke ich immer, wenn kurz vor den Ferien »aufgeräumt« wird. Im Fall der Kollegen bedeutet das, dass sie alle nicht mehr benötigten Unterlagen aus der zuvor umständlich sortierten Ablage wieder entfernen. Ab und an wird, wenn nötig, auch noch ein Buch geradegerückt.

Was für ein Stuss. Ich schmeiße gleich alles ohne Umweg in den Müll. Und die wollen mir einreden, was von Ökonomie zu verstehen! Ich würde dem Chaos in den Ferien auch gerne etwas Erholung gönnen und es in Ruhe lassen. Aber spätestens vor Ostern machen mir die Blicke der Kollegen unmissverständlich klar, ich möge doch mal meinen Saustall in Ordnung bringen.

Verrückt.

Die wissen inzwischen schon, dass ich keine vier Wochen brauche, bis es wieder so aussieht wie vorher. Ferien mitgerechnet. Aber es liegt in der Natur des Lehrers, sich um beratungsresistente Wesen zu bemühen. Danke auch.

Man stelle sich den durchschnittlichen ordnungsfetischistischen Lehrer auf einem Metal-Festival vor ... das wäre sein Vorhof zum Fegefeuer. Auf Festivals sieht es kurz nach Ankunft und Aufbau der Zeltstadt ja meist aus, als hätte die örtliche Müllhalde eine Außenstelle errichtet. Und spätestens nach zwei Tagen riecht's auch so. Anwesende inklusive. Wahrscheinlich habe ich mir mein Ablagesystem dort angeeignet.

Okay, ich werfe im Lehrerzimmer eher selten mit Bierdosen um mich (auf Festivals genau genommen auch nicht – ich bin Metaller, kein Tier!). Und ich bestreite bis heute vehement, dass ich es war, die ihren Energydrink über die Unterlagen des Kollegen am angrenzenden Schreibtisch gegossen hat. (Es war kein Energydrink, sondern Eistee.)

Zumindest was meine Schreibtischdeko angeht, verkneifen die anderen sich die Kommentare. Mein Totenkopf-Stiftehalter wäre sonst wirklich traurig.

Und überhaupt: »Wenn sie's stört, können sie ja selber putzen.«

FRÜHER WAR ALLES SCHLECHTER
(SuidAkrA: Darkane Times)

Als ich in meinem Job anfing, war ich gerade einmal acht bis zehn Jahre älter als meine Schüler. Als Junglehrerin hat man ein unterirdisch mieses Standing und muss um jedes Quäntchen professioneller Glaubwürdigkeit erst kämpfen. Verständlicherweise. Oder kaufen Sie jemandem was ab, nur weil er ein paar Jährchen mehr auf dem Tacho hat?

Dazu kam, dass mir die natürliche Autorität des Alters optisch total abging. Selbstverständlich musste ich öfter die Frage nach meinem Alter beantworten. Zu Beginn wurde ich sogar einige Male des Lehrerzimmers verwiesen, weil Kollegen dachten, eine Schülerin hätte sich widerrechtlich Zutritt zu den heiligen Hallen verschafft. Und da versuchen Sie mal, sich vor quasi Gleichaltrigen als Autoritätsfigur aufzuplustern! Lächerlich!

Ich sah das für mich als Chance. Immerhin hatte ich einen speziell juvenilen Blick auf die Schüler. Ich war näher an ihnen dran als die meisten überreifen Lehrer, von denen manche das pädagogische Verfallsdatum schon geraume Zeit überschritten hatten. Deshalb brachte ich in der einen oder anderen Situation auch etwas mehr Verständnis auf. Meine eigene Schulzeit war noch nicht ultralange her. Ich schwor, selbst nie so eine verstockte alte Giftnudel zu werden, die sich in einer völlig konträren Gedankenwelt bewegt. Erwachsen werden – igitt.

Aber, ob Sie es wahrhaben wollen oder nicht: Wir werden alle älter. Selbst ich.

Auch heute noch fragen Schüler mich skeptisch nach meinem Alter, doch die Antwort überrascht sie inzwischen eher.

Fragen Sie mich nicht, wie ich das mache. Ich habe keine Ahnung! Ich schätze, ich habe Glück gehabt. Weder an meinen Genen noch an meinem Lebenswandel kann es liegen, dass mich selten jemand auf Ende dreißig schätzt. Vielleicht wirkt sich mein infantiles Gebaren durch Zauberei auf mein Äußeres aus. Vielleicht liegt's an meiner Einstellung. Vielleicht am Heavy Metal. Vielleicht auch an einer unheiligen Mixtur aus allem. (Oder ich habe meine Seele beim Bangen auf dem letzten Konzert versehentlich dem Beelzebub verkauft – wer weiß das schon?) Wahrscheinlich wache ich eines Tages auf und sehe plötzlich aus wie achtzig.

Hoffentlich bin ich das dann auch.

Wenn ich an meine eigene Schulzeit zurückdenke, kann ich mich nicht erinnern, jemals einen Lehrer gehabt zu haben, den ich auch nur ansatzweise in die Nähe meiner Alterskategorie einsortiert hätte. Selbst die jüngeren erschienen mir damals uralt. Was wohl daran lag, dass sie sich genauso benahmen. Verständnis für jugendlichen Wahnsinn? Fehlanzeige.

Meine Kollegen äußern öfter, in ihrer eigenen Schulzeit sei alles besser gewesen. Ich schüttele dann immer fassungslos den Kindskopf. Was soll denn bitte früher besser gewesen sein?

Gehen wir es mal durch.

Die Schüler?

Waren keinen Deut anders. Wir hatten nur nicht die entsprechende Hardware zur Verfügung. Heute sind die viel besser ausgerüstet. Hätte mir damals jemand ein internetfähiges Smartphone und Airpods in die Hand gedrückt – hach, dann wäre mir viel Nonsens erspart geblieben! Ich musste mich mit einem klackernden Walkman in Monsterformat begnügen. Mit ebenso monströsen Schaumstoff-Kopfhörern, die meine Haare dermaßen ausbeulten, dass ich Prinzessin Leia glich. Das musste selbst dem bescheuertsten Mathelehrer auffallen. Und den hatten wir.

Immerhin erwarb ich mit sechzehn mein erstes Handy. Einen Prepaid-Plastikprügel für fünfzig Mark. Damit konnte man als Notmaßnahme gegen schulische Langeweile überteuerte SMS an die Kumpels verschicken. War das Guthaben nach drei Tagen aufgebraucht, musste abermals der Walkman herhalten. Oder man unterhielt sich halt doch wieder angeregt mit dem Sitznachbarn. Da man in jungen Jahren aber schlecht darin ist, die eigene Lautstärke auf ein unauffälliges Maß herunterzuregeln (muss an den brüllenden Pubertätshormonen liegen), kassierte man spätestens nach fünf Minuten einen Anschiss, der sich gewaschen hatte. Oder man hatte Glück und flog ohne Umwege aus dem Klassenraum.

Falls nicht, hatten meine damalige Freundin und ich einen »Du kommst aus dem Gefängnis frei«-Joker für besonders öde Unterrichtseinheiten: mich. Die mir eigene Kombination aus Totengräber-Klamotte und Bleichgesicht legte zweifelsfrei nahe, dass es mir gerade gar nicht gut ging und ich dringend mal an die frische Luft musste. In Begleitung, versteht sich. Alles andere wäre schließlich unverantwortlich gewesen. Dass wir bei unserer Rückkehr immer übelst nach Kippe stanken, nahm unser Mathelehrer, dessen Hemdtasche immer eine Packung Roth-Händle ohne Filter beherbergte, nicht wahr. Oder es war ihm schlicht und ergreifend egal. Wahrscheinlich war er nur froh, uns für ein paar Minuten losgeworden zu sein.

Heute ist das viel besser. Statt laut miteinander zu quatschen und meinen Unterricht zu stören, nutzen alle einfach ihr neustes I-Phone. Auch wenn sie direkt nebeneinandersitzen. Reden ist schließlich anstrengend. Besonders auffällig: In den Pausen ist es in den Klassenzimmern mittlerweile stiller als während des Unterrichts. Es ist zum Fürchten! Alle starren wie hypnotisiert auf ihre überteuerten Endgeräte. Immerhin halten sie dabei die Gesichtsluke.

Hm ... okay, ich versuche es mit dem nächsten Punkt.

War die Ausstattung der Schulen besser?
In den Neunzigern bestand sie aus einer Tafel und einem Tageslichtprojektor. Ende. Ab und an rollte noch ein wuchtiger VHS-Röhrenfernseher-Wagen ins staubige Klassenzimmer. Das passierte vielleicht einmal im Jahr. Ansonsten war das Motto: analog und frontal. Kein Medieneinsatz. Kein Methodenwechsel. Ich glaube, meine erste richtige Präsentation habe ich im Grundstudium erstellt. Da ich die Erinnerung daran tief in meinem Unterbewusstsein verbuddelt habe, muss das Ding grottenschlecht gewesen sein. Gleiches galt für Hausarbeiten.

Heute halten die Schüler bis zum Abitur so oft Vorträge vor der Klasse, dass einige schon Brechreiz kriegen, wenn das Wort »Präsentation« nur angedeutet wird. Sie werden dermaßen mit multimedialer Gruppenarbeit, Lernzirkeln und Powerpoints vollgeballert, dass sie in Jubelstürme ausbrechen, wenn jemand sich vorne hinstellt und ihnen einfach mal was erzählt. Na ja, zumindest die, die nicht mit der Fresse überm Smartphone hängen.

Hm ... nun gut. Anderes Thema.

Waren die Klassenfahrten früher besser?
Es ist immer wieder unfassbar, mit welcher Anspruchshaltung junge Leute heutzutage auf Schulausflug gehen. Es wird über Dinge gemotzt, da geht man kaputt dran: Zimmer zu klein, Bad zu eng, beim Frühstück gebe es keine laktosefreie Milch und überhaupt, zweihundertfünfzig Euro seien ja viel zu viel für eine Woche London! Und dann dürfen die Armen auch nicht bis in die Puppen feiern gehen, sondern müssen blöde Museen und alte Häuser anglotzen.

Arsch offen? Ist die Schule ein Reiseunternehmen, oder was? Wenn ihr all-inclusive am Pool wollt, fragt eure Erzeuger! Oder geht auf 'ne Privatschule!

Unsereins musste noch in echt schäbigen Jugendherbergen nächtigen. Jede Nacht lag man wach und hoffte, das antike Doppelstockbettgestell möge das Gewicht der Klassenkameradin noch so lange aushalten, bis man selbst aufgestanden war.

Eigenes Bad im Zimmer? Nix! Ein Bad für alle Mädchen, den Flur runter. Eins! Das nutzte im Übrigen auch die weibliche Begleitpädagogin. Das Trauma, das meine bereits etwas betagte Englischlehrerin in der elften Klasse auslöste, als sie mich morgens freudestrahlend im Evakostüm begrüßte, habe ich bis heute nicht überwunden.

Und wir mussten regelmäßig wandern gehen! In der NATUR! Das darf man denen heute gar nicht mehr zumuten. (Dafür bin ich ehrlich dankbar, denn ich hasse Wandern.)

Die Pforte zum damaligen Reich des Unzumutbaren war die Abschlussfahrt meines Geschichte-Leistungskurses in der zwölften Klasse. Unser Lehrer – Marke ehemaliger Bundeswehr-Feldwebel – war der Meinung, das gängige Reiseziel Prag sei inzwischen zu ausgelutscht, man müsse Spannenderes auf die Beine stellen. Ich für mein Teil fand das schade, weil ich noch nie in Prag gewesen war. Außerdem hatte ich gehört, das Bier sei dort spottbillig. Aber okay. Im Gegensatz zu heute wurde damals nicht auf zig Elternabenden und Klassenkonferenzen langatmig über Reiseziel und Kosten debattiert. Man fügte sich dem Schicksal.

Meins führte mich nach Russland. Genauer gesagt nach Sankt Petersburg.

Das durchgeknallte Exemplar eines Geschichtegenerals organisierte kurzerhand für zwanzig zum Teil noch minderjährige Teilzeitirre Visa und Tickets, und los ging's. Die Tupolew, mit der wir flogen, war genauso antik wie einst das Doppelstockbett in der Jugendherberge. Als wir nach Ankunft alle kurz dankbar den Boden des Flughafens geküsst hatten, stellten wir fest: Keiner von uns konnte Russisch. Niemand! Null!

Dennoch zählte unser Lehrer auf unsere Eigenständigkeit und unseren Überlebenswillen ... Er ließ uns halt machen.

Sein Plan ging auf. In der U-Bahn orientierten wir uns an den Farben und zählten die Stationen ab. (Ich zählte lieber nicht (warum, werden Sie gleich verstehen), ich stieg einfach da aus, wo die anderen ausstiegen.) Was Bier auf Russisch hieß, fanden wir schnell heraus, weil jeder auf der Straße bereits mittags damit herumlief. Und wenn man verbotenerweise mit brennender Kippe in eine U-Bahn-Station reinlatschte und aussah wie ein dummer Tourist, kostete das zwanzig Dollar Bestechungsgeld (inzwischen nehmen die sicher auch Euro).

Das Bier war übrigens billiger als in Prag und schmeckte am besten nachts um zwei, wenn in den kurzen Weißen Nächten die Sonne an der Newa unterging. Hach ...

Das Beste: Alle kamen lebend wieder heim.

An weniges aus meiner Schulzeit kann ich mich besser erinnern als an diese Klassenfahrt.

Trotzdem, unser Lehrer muss völlig irre gewesen sein. Ums Verrecken nicht würde ich das heute mit Schülern machen!

Ich sehe schon, meine Beweisführung lässt immer mehr zu wünschen übrig.

Hm ... ich hab's!

Waren die Lehrer damals besser?

Mit Erinnerungen an Menschen ist es doch so: Wir behalten besonders diejenigen im Gedächtnis, die uns positiv aufgefallen sind. Oder diejenigen, die wir gehasst haben. Da ich mich nur noch an sehr wenige Lehrer deutlich erinnern kann, müssen die meisten scheißlangweilig gewesen sein.

Das ein oder andere der angeblich besseren Exemplare ist mir aber nachhaltig im Hinterstübchen hängen geblieben. Zum Beispiel mein Lateinlehrer, zu dem auch in den Neunzigerjahren noch nicht durchgedrungen war, dass die Ära des preußischen Militarismus vorbei war. So mussten wir, selbst in der zehnten Klasse, immer noch strammstehen, wenn er den Klassenraum betrat. Jede Stunde begann selbstverständlich mit dem Damoklesschwert, das über allen von uns schwebte und immer einen erwischte: Vokabelabfrage.

Meine Güte, hatte ich Schiss. Und meine Güte, habe ich Latein gehasst! Eigentlich schade, denn generell habe ich ja einen Hang zum Morbiden. Was hätte da nähergelegen als das Interesse für eine mausetote Fremdsprache? Im Nachgang erwies sich die Misere zudem als höchst ärgerlich. Wenn Latein in der Schule keine Magenkrämpfe verursacht hätte, hätte ich die erforderlichen Tests im Studium vermutlich beim ersten Mal geschafft.

Immer in Erinnerung bleiben wird mir auch mein Mathelehrer aus der fünften und sechsten Klasse. Bereits im ersten Jahr auf dem Gymnasium zeigte sich: Zahlen und ich – ganz schlechte Kombination. Vorhof zur Hölle: an der Tafel vorrechnen! Bekam man während der öffentlichen Demütigung nichts hin, musste man zur nächsten Stunde das komplette große Einmaleins aufschreiben.

Bereits wenige Monate nach Schuljahresbeginn war ich so weit, dass ich prophylaktisch einfach mehrere Exemplare dieser sinnlosen Strafarbeit mit mir führte. Im Nachhinein betrachtet war ich echt blöd: Ich hätte an die meistbietende arme Sau weiterverkaufen können. Aber wie gesagt, ich und Zahlen …

Es dauerte Jahre, bis ich feststellte: Ich bin nicht einfach (nur) dumm. Ich habe Dyskalkulie. Wie Lese- und Rechtschreibschwäche, nur mit Plus und Minus. Ich bin also doof mit Attest! Leider war diese Art des mathematischen Handicaps weder meinen

Eltern noch meinen Lehrern ein Begriff, und keiner kam auf die Idee, nach Ursachen zu suchen. Schließlich ist es mit viel weniger Aufwand verbunden, den Kindern Faulheit zu attestieren. Oder eben Dummheit. Sei's drum. Im Gegensatz zu Latein habe ich Mathematik nie wieder gebraucht. Und meine Schüler freuen sich, wenn ich mich bei den Punkten der Geschichtsklausur mal wieder zu ihren Gunsten verzählt habe, weil ich der Meinung war, keinen Taschenrechner zu brauchen. Geschenkt.

Man kann nicht behaupten, dass ich von meinen Lehrern nichts gelernt hätte. Was ich gelernt habe, hat allerdings weder mit Latein noch mit Mathe zu tun.

Wusst ich's doch! Früher war eben nicht alles besser. Aber auch nicht schlechter. Anders eben.

Schnell neigt man dazu, die eigenen Erlebnisse, seien es die schlechten oder die guten, zum absoluten Maß aller Dinge zu machen. Zu mythologisieren. Und darüber die Gegenwart aus dem Auge zu verlieren. Und wenn man nicht aufpasst, dann wacht man eines Morgens auf und stellt fest …

FUCK, ICH BIN ALT!

DARF'S NOCH EIN BISSCHEN MEHR SEIN?
(THE SISTERS OF MERCY: MORE)

Neulich begab ich mich auf Futtersuche in den örtlichen Supermarkt. Ich schipperte gemütlich meinen Einkaufswagen vor mir her, als plötzlich eine in langweiligen Naturtönen gekleidete Frau mittleren Alters mir mit dem ihrigen den Weg versperrte. Ihre kleine Tochter thronte lässig im Kindersitz.

Noch bevor ich die höfliche Bitte äußern konnte, dass sie mich doch gnädigst passieren lassen möge, beugte sie sich über meinen noch relativ leeren Wagen, blickte kritisch hinein, blickte mir dann genauso kritisch ins Gesicht und fragte: »Sind Sie Veganerin?«

»Ähm. Nö«, antwortete ich.

»ABER ICH!«, konterte sie prompt und vor allem laut, machte auf den Hacken kehrt und zog von dannen.

Nur zur Info: Ich hatte die Olle noch nie zuvor gesehen. Warum laberte die mich dumm von der Seite an? Was hatte sie davon, der ganzen Welt mitzuteilen, was sie (nicht) isst? Und vor allem: Wie zur Hölle kam sie darauf, ich könnte Veganerin sein? Ich mein, echt jetzt! Gerade ich, die ich beinah in Tränen ausbreche, wenn ein gutes Steak zu durch ist, weil das Tier quasi zweimal sein Leben lassen musste. Dann lieber halb lebendig auf den Teller.

Ich warf selbst einen Blick in meinen Einkaufswagen. Das Einzige, was sich darin befand, war ein Haufen Grünzeug und ein Stapel Obst. Was nicht weiter verwunderlich war, denn ich stand noch in der Nähe des Eingangs. Und wie jeder weiß, lautet das Credo aller Supermärkte: Rohkost first! Es *konnte* sich also, rein logistisch, noch nichts anderes im Wagen befinden. Das machte das Gebaren der beigefarbenen Frau noch unheimlicher. Was, zum Teufel, war ihre Absicht?

An der Fleischtheke kreuzten sich unsere Wege erneut. Allein das erschien mir seltsam. Ich kaufte zweihundert Gramm Schinken. Sie nix. Strafte mich aber mit Blicken, als hätte ich die Sau für meinen Schinken vor den Augen ihrer Tochter eigenhändig geschlachtet. Letztere fragte ihre Mutter, ob sie denn hier auch etwas kaufe. Worauf diese, abermals unnötig laut, ungelogen erwiderte: »NEIN! Das sind TOTE TIERE! So etwas essen WIR nicht!«

Aus Trotz kaufte ich noch hundert Gramm Salami, obwohl ich keine gebraucht hätte. Während des restlichen Einkaufs sah ich mich immer wieder um. Bei allem, was ich in den Wagen wandern ließ, fragte ich mich, was Mrs. Veggie wohl dazu sagen würde – und ärgerte mich im nächsten Moment tierisch über mich selbst. (Sehen Sie! Nicht mal vegan *ärgern* kann ich mich! Es ist so traurig.)

Warum konnte so eine Trulla mein Unterbewusstsein manipulieren?

Ich lasse mich ja gern auf sachliche Diskussionen zu jedwedem kontroversen Thema ein. Aber wenn ich eins nicht leiden kann, sind das festgemauerte Absolutmeinungen. Also Einstellungen, wo man sagt: Mehr geht jetzt aber echt nicht. Man könnte auch das böse Wort »extrem« hierfür verwenden. Also für Menschen, die nach dem »Ich gut – du böse«-Schema leben. Da hört für mich der Spaß auf. Beim Einkaufen, aber noch viel mehr bei der Arbeit.

Gerade unter Lehrern finden sich erstaunlich oft Exemplare der Gattung »Darf's noch ein bisschen mehr sein?«. Solange sie niemandem damit auf den Keks gehen, ist das für mich zwar nervig, aber nicht weiter tragisch. Ich vermeide eben manche Themen in ihrem Beisein, um das Betriebsklima nicht unnötiger zu belasten, als ich es durch meine pure Präsenz sowieso schon tue. Das Thema »Nichtsnutzige Zuckerkügelchen und energetisches Hokuspokus-Kristallwasser« zum Beispiel. Das gäbe Stress. Zwar bin ich öfter versucht, mir vor den Augen besagter Kollegen ordentlich den Kaffee mit Globuli zu süßen, aber erstens trinke ich meinen Kaffee schwarz (wie sonst!) und zweitens wäre mir der Spaß zu teuer. Trotzdem erschließt sich mir der Hintergrund dieses kreuzgefährlichen Aberglaubens nicht. Aber solange sie mich damit in Ruhe lassen, dürfen sie ihre Kinder mit Zucker vollstopfen, bis die Diabetes kriegen. (Gibt's dagegen eigentlich auch Globuli?)

Apropos Aberglauben.

Ich möchte jetzt niemanden öffentlich ans Kreuz nageln. Beobachtungen meinerseits haben jedoch ergeben, dass vor allem Religionslehrer häufig dazu tendieren, ihre Meinung zu generalisieren. Heißt: Sie haben recht. Das reicht dann von einer mittelalterlichen Einstellung zur sexuellen Orientierung bis hin zu einem maximal antiquierten Verständnis der Rollen von Männern und Frauen. (Ja, meine Schüler erzählen mir alles!)

Apropos Frauen.

Ein anderes Extrem, das ebenso nervt: Im Lehrerberuf arbeiten Frauen. Viele. Zu viele, wenn Sie mich fragen. In unserem Job mit der Feminismuskeule zu kommen, ist hart am Limit. Dennoch gibt es einige Personen, die an jeder Ecke des Schulgebäudes frauenfeindliche Attacken in Form von bürokratischer Benachteiligung wittern. Und ja, ich weiß, ich bin selbst eine Frau. Sagt man zumindest. Aber ich bin trotzdem unbedingt für eine Männerquote im Pädagogenberuf. Bitte! Nur mit Frauen zusammenzuarbeiten gibt immer Stress. Zu viel Östrogen schwappt über. Außerdem ist das Frauen-Lehrerklo auf unserem Stockwerk immer besetzt.

Fakt ist: Extreme nerven. Egal welcher Art.

Die Akademikerquote an einer Schule liegt normalerweise bei einhundert Prozent. Akademiker müssten es doch besser wissen. Aber die Deppenquote rangiert wohl oft nicht weit drunter ...

Vielleicht war die Frau im Supermarkt auch Lehrerin? Wer weiß! Sie meinte es bestimmt gut. Vertrat ihre Ideale. Trotzdem muss man nicht überall belehrend seine Meinung rausposaunen.

Ich verließ den Supermarkt und packte meine definitiv nicht veganen Einkäufe ins Auto. Neben mir tratschten zwei ältere Frauen. Hausmutti müsste man sein, dachte ich und wollte gerade einsteigen. Da schnappte ich einen Gesprächsfetzen auf.

»Ja, die Silke ist jetzt auch Lehrerin. Das ist doch mal 'n lässiger Job, mit so viel Freizeit!«

»NEIN! GAR NICHT!«, brüllte ich reflexartig, knallte die Autotür zu und fuhr los. Beim Blick auf die Uhr fiel mir dann auf: Es war elf Uhr vormittags. An einem Dienstag.

Beweisführung ist nicht so meins, ne?

LEHRERGESUNDHEIT
(Darkthrone: Fucked Up and Ready to Die)

Man hört es ja regelmäßig im bunten Dschungel der deutschen Presselandschaft: Lehrer gehören zu einer der Berufsgruppen, bei denen die Burn-out-Rate am höchsten ist. Das ist amüsant, denn Lehrer sind ja auch diejenigen, die sich die meisten Späßchen über Beamtenfaulheit anhören dürfen. Die Interpretation des witzigen Widerspruchs überlasse ich Ihnen.

Auf jeden Fall ist die traurige Mär vom überbeanspruchten Pädagogen auch an unserer Schule angekommen. Was also tun?

Bereits vor knapp einem Jahrzehnt – ich war beruflich noch nicht lange zugegen und vom Burn-out weit entfernt – wurde ich zum ersten Mal Zeugin einer ominösen Präventionsmaßnahme. Ein sogenannter pädagogischer Tag fand statt, und zwar unter dem Motto »Lehrergesundheit«.

Nun sind pädagogische Tage für sich genommen schon das Gegenteil von gesund. Anders als eine Konferenz, die sich nur über zwei bis vier Stunden erstreckt, aber trotzdem wie eine halbe Ewigkeit anmutet, dauert so ein pädagogischer Tag nämlich, nun ja, einen ganzen Tag. Statt Unterricht (ja, genau, der fällt dann aus!) werden alle Lehrenden ganztägig zusammengepfercht. Das ist vorgeschrieben, ebenso wie im Rahmen eines übergeordneten Leitthemas diverse Workshops oder Vorträge anzubieten. Diese müssen von »Freiwilligen« des Kollegiums nebenher selbst organisiert werden. Profitieren ja am Ende alle davon. Sicher.

Damals also: »Lehrergesundheit«.

Mir geht es bis heute nicht in den Schädel, wie etwas zu meiner Gesundheit beitragen soll, was allein beim Gedanken daran Herzrhythmusstörungen verursacht. Außerdem bewerte ich es als hochgradig übergriffig, wenn Vater Staat sich in Angelegenheiten einmischt, die meine körperliche und geistige Konstitution betreffen.

Schon den Besuch beim Amtsarzt vor Dienstantritt habe ich als maximal demütigend empfunden: halbnackig Dehnübungen vorführen, den kritischen Blick auf meine Tattoos mit »Nein, ich hab keine Hepatitis!« beantworten, anschließend in einen Becher pinkeln. Wenigstens hatte ich keine Gewichtsprobleme (mehr). Das wäre das absolute No-Go für die Lebenszeitverbeamtung gewesen.

Ich dachte, derartige Erniedrigungen hätte ich hinter mir gelassen. Und nun das!

Bei Bekanntgabe des Themas entstanden in meinem Kopf Horrorvisionen, dass ich gezwungen werden könnte, gemeinsam mit meinen Kollegen sportliche Übungen wie Rückengymnastik durchzuführen. Im Nachhinein wäre das sogar sinnvoller gewesen als das, was sich tatsächlich zutrug.

Zumindest weiß ich jetzt, wie man mein Aggressionslevel bis zum Anschlag schraubt.

Autogenes Training! Mal versucht? Schon die Erinnerung daran lässt mich die Krallen ausfahren.

Ich saß mit knapp fünfzig anderen Lehrkörpern in jedweder physischen und psychischen Verfassung im Konferenzraum und lauschte einer geführten Meditation. Mit Ruhephasen. Damit man sich auf die eigene Atmung konzentrieren konnte. Derweil musste ich mich auf ganz andere Dinge konzentrieren. Zum einen darauf, nicht loszuschreien. Zum anderen darauf, nicht loszulachen. Und zum Dritten, nicht an meinem Kaugummi zu ersticken. Da es im Raum so still war, dass man eine Fruchtfliege furzen gehört hätte, hatte ich das Kauen eingestellt und ein Spuckeozean sammelte sich in meinem Mund …

So unausgeglichen war ich das letzte Mal, als ich auf der Autobahn in einem Vollsperrungsstau stand und mir fast die Blase explodiert wäre. Das war auch nicht gesund.

Meine Hoffnung war, dass es das letzte Mal sein würde, dass ich so etwas ertragen musste. Leider scheint sich das Thema »Lehrergesundheit« nach wie vor in keinster Weise erledigt zu haben.

Ich check das nicht. Wenn ich mir oft am Schreibtisch den Arsch platthocke, muss ich ebenjenen in meiner Freizeit auch mal hochkriegen und Sport machen. Oder an die frische Luft gehen. Am besten beides. Das kann doch so schwer nicht sein! Jeder halbwegs intelligente Mensch weiß: Übergewicht ist ungesund, und Schokolade macht fett. Und wenn ich mich in manche Dinge seelisch zu sehr hineinsteigere, brauche ich einen mentalen Ausgleich, damit es nicht zum Kurzschluss kommt. Wir sind Lehrer! Keine Frontsoldaten!

Man sollte doch meinen, dass studierte Menschen selbst in der Lage sind, sich um ihre Gesundheit zu kümmern – ohne dass sie jemand am Händchen nimmt.

Bitte entschuldigen Sie die Unterbrechung, ich war kurz eine rauchen.

Anscheinend erfordern extreme Zeiten auch extreme Maßnahmen. So warten manche Kollegen inzwischen mit den witzigsten Ideen zum Erhalt der Lehrergesundheit auf. Unlängst kam der Vorschlag zur Sprache, dass in Zukunft doch nur jüngere, kinderlose Kollegen das Amt des Klassenlehrers übernehmen sollten. Denn wenn man selbst kleinere Kinder (ich übersetze: unter achtzehn) habe, könne man sich nicht auch noch mit dem immensen organisatorischen Aufwand der Klassenleitung oder gar mehrtägigen Klassenfahrten auseinandersetzen.

Hach ja. Humor haben sie ja, die netten Kollegen … äh … Moment …

Vielleicht denken Sie jetzt: Egomanische Drecksäcke! Sehen immer nur sich selbst! Sorgt sich denn keiner mehr um die Schüler? Immerhin sind deren Belastungen in den vergangenen Jahren auch drastisch gestiegen: immer mehr Nachmittagsunterricht, immer weniger Freizeit, immer schlechtere Zukunftsprognosen. Und dann noch die vollen Terminkalender der Helikoptereltern.

Ich kann Sie beruhigen! Schülergesundheit steht bei uns an vorderster Stelle. Zumindest wenn es darum geht, dass Schüler dem Unterricht fernbleiben. Sollte dies der Fall sein, halten viele Kollegen es wie meine Mutter früher: »Krank? Ach komm, du willst doch bloß nicht in die Schule!«

Dementsprechend werden »kranke« Schüler auch überfürsorglich betreut. Häufiges Fehlen führt selbstverständlich zu weitergehenden pädagogischen Maßnahmen. Man sorgt sich schließlich. Also kümmert man sich. Na gut, man tut halt was. Wo kämen wir denn hin, wenn jeder bei jedem Wehwehchen gleich schwänzen würde? Also: jeder Schüler.

Wie bitte? Was mit denen ist, denen es wirklich dreckig geht?

Um die muss man sich nicht sorgen. Die quälen sich schließlich meistens in die Schule, aus Angst vor pädagogischen Maßnahmen. Und mal ehrlich, müsste man sich mit jedem individuell befassen, würde das doch die eigene (Lehrer-)Gesundheit immens beeinträchtigen. Echt jetzt. Stellen Sie sich mal vor, jeder Lehrer würde sich für die körperliche und geistige Verfassung seiner Schüler interessieren!

Außerdem hat dieses System schon zu meiner Schulzeit funktioniert. Hätten die Lehrer in der siebten Klasse damals meine Essstörung bemerkt, hätte ich doch nie so schnell mein Übergewicht verloren. Dann wär's später nix geworden mit der Lebenszeitverbeamtung. Und hätten sie in der elften Klasse meine familiären Probleme gejuckt …

Okay, jetzt fällt mir auch nichts mehr ein.

Aufoktroyierte Maßnahmen waren, sind und bleiben vor allem eines: Kosmetik. Egal ob »pädagogische Tage« für Lehrer oder »pädagogische Maßnahmen« für Schüler. Am Ende nutzen sie nur einem, nämlich dem schlechten Gewissen. Man hat ja was gemacht! Es wurde sich gekümmert! Zwar nicht um den Einzelnen, aber dafür gleich um alle. Selbst um die, die nicht darum gebeten haben. Das macht doch gleich viel mehr her!

Ach, ich reg mich schon wieder unnötig auf. Das ist ja auf Dauer auch ungesund. Ich geh lieber eine rauchen.

Aber keine Sorge: Mir geht's gut.

Noch zumindest.

ZUGABE
(Kiss: God Gave Rock 'n' Roll to You II)

Sie haben bis hierhin gelesen? Alles? Komplett?

Kommen Sie, geben Sie's zu! Sie haben es wie meine Schüler gemacht: gegoogelt, aber keinen Wikipedia-Artikel mit Zusammenfassung zum Buch gefunden und sich dann nur Anfang und Ende angekuckt.

Falls das nicht stimmt, möchte ich mich für Ihr Durchhaltevermögen herzlich bedanken. Und für den ein oder anderen Affront um Verzeihung bitten. Ja, echt! Als ich anfing, den Stuss hier aufzuschreiben, hätte ich nie damit gerechnet, dass das mal jemand liest. Sonst wäre ich doch nicht so bescheuert ehrlich gewesen.

Aber nun steht's schon da – und wer mich kennt, der fragt sich ohnehin oft: Hat die das jetzt wirklich laut gesagt? Hat sie.

Allen, die denken, sie hätten irgendwas oder irgendwen in diesem Buch wiedererkannt, gratuliere ich zu ihrem Scharfsinn. Vielleicht haben Sie sich an einigen Stellen sogar selbst entdeckt? Hoffentlich an den richtigen.

Sollten Sie hieraus nicht ganz so viel gelernt haben, sollte sich zumindest Ihr Musikgeschmack verbessert haben.

Auch nicht? Dann fahren Sie zur Hölle. Eventuell bekomme ich das ja mit den nächsten Geschichten hin, die das Lehrerleben zu bieten hat. Es gibt so viele exzellente Songs im Heavy-Metal-Universum!

Letzte Frage: Haben Sie den ganzen Humbug wirklich geglaubt?

Nein? Okay, vielleicht habe ich an der ein oder anderen Stelle ein klein wenig übertrieben. Viele waren's aber nicht. Denn auch wenn man es mir äußerlich nicht ansieht: So ein Lehrerleben ist bunt – und granatenstark.

Bis zum nächsten Mal. Party on!

OUTRO
(WINDIR: JOURNEY TO THE END)

Im Jahr 2015 schrieb einer meiner Abiturienten mir folgenden Brief (wohlgemerkt von Hand und in tadelloser Rechtschreibung und Grammatik):

Sehr geehrte Frau Blofeld,
Mut, Selbstbewusstsein und sein Ziel immer vor Augen. Wer weiß, was er will, kann es erreichen. Diese Dinge haben Sie mir in nur einem Satz bewusst gemacht. Ich weiß nicht, ob Sie diesen Satz bewusst gesagt haben oder nicht. Auf jeden Fall hat mich der Satz so bewegt, dass ich ihn seither nicht mehr vergessen habe. Es mag verrückt klingen, aber Sie haben damit meine Persönlichkeit ein wenig geprägt, wofür ich Ihnen ewig dankbar sein werde.
Sicherlich möchten Sie nun wissen, welcher Satz das war.
Hier ist die Geschichte: Es war in der zwölften Klasse. Wir hatten gerade das Thema Dantons Tod, *und im Zuge dessen ging es um die Französische Revolution. Zugegeben, ich habe in der Stunde mehr vor mich hingeträumt als aufgepasst. Doch dieser Satz ließ mich aufhorchen und hat mich den Rest der Stunde beschäftigt. Er hat mich inspiriert und bestätigte mich in meinem Vorhaben, alles so zu machen wie bisher: an meine Ziele zu glauben, dafür zu kämpfen und sie zu erreichen.*
Denn als es um den Ausbruch der Revolution ging, sagten Sie: **»Es muss immer einen geben, der damit anfängt.«** *Natürlich in Bezug auf die Revolution. Aber in diesem Satz, so unscheinbar er für Sie vielleicht auch klingen mag, steckt so viel Wahrheit. Egal, was dein Ziel ist, egal, wie riskant es ist, egal, was andere über*

dich denken – zieh es durch! Mach es einfach! Wenn du der festen Überzeugung bist, dass es das Richtige für dich ist, mach es einfach! Trau dich und fang damit an! Wenn nötig, als Allererster!

Ich habe den Satz nicht bewusst gesagt. Aber der Brief hat mir vor Augen geführt, dass das, was ich den ganzen Tag so tue, tatsächlich manchmal einen Sinn hat. Und wenn ich es in den letzten zehn Jahren nur geschafft haben sollte, dass ich das Leben dieses einen Menschen mitgestaltet habe, bin ich über die Maßen dankbar dafür.

Darum habe ich mich nach langer Zeit dazu durchgerungen, dieses Buch zu schreiben. Ich dachte mir: Mach es einfach!

Danke!

CREDITS
(Metallica: Nothing Else Matters)

Ich danke …
… Alex. Für mein ganzes Leben.
… meiner Mutter. Fürs Nicht-Aussetzen.
… meinen Brüdern. Für den alten Metal.
… Wolle und Matthias. Für den bösen Metal.
… Julia. Fürs Zurückbringen. Du bist doof!
… meinen Kollegen. Fürs Irgendwie-Aushalten.
… meinen Schülern! Den ehemaligen, den aktuellen und den künftigen. Ihr seid die Coolsten!

Juli 2020

Edel Books
Ein Verlag der Edel Germany GmbH

Copyright © 2020 Edel Germany GmbH
Neumühlen 17, 22763 Hamburg
www.edelbooks.com

Projektkoordination: Svetlana Romantschuk
Lektorat: Mareike Ahlborn
Umschlagfoto: Michael Philipp Bader
Layout & Satz: Datagrafix GSP GmbH, Berlin | www.datagrafix.com
Umschlaggestaltung: Rothfos & Gabler, Hamburg
Druck und Bindung: GGP Media GmbH, Pößneck

Alle Rechte vorbehalten. All rights reserved. Das Werk darf – auch teilweise – nur mit Genehmigung des Verlages wiedergegeben werden.

Printed in Germany

ISBN 978-3-8